事業者必携

事業再編・M&A
【合併・会社分割・事業譲渡】の法律と手続き

弁護士 **岩崎 崇**／公認会計士・税理士 **武田 守** 監修

三修社

はじめに

　企業活動においては、事業の拡大や縮小にともない、組織の見直し
が必要となる場合があります。たとえば、好調な事業部門をさらに伸
ばすために、他社のノウハウを取得したいような場合は、吸収合併に
よって他社を包括的に承継したり、事業譲渡・吸収分割によって事業
を承継する方法が考えられます。逆に、不採算部門から撤退するため
に、事業譲渡や吸収分割によって不採算部門を自社から切り離すこ
ともあります。さらに、生き残りをかけて株式交換・株式移転により、
経営統合することも考えられます。このような企業の結合や分割など
によって会社の組織を変更する行為を組織再編手続きといいます。

　組織再編の必要性をふまえ、会社法は、合併、事業譲渡、会社分割、
株式売却・株式交換、株式移転、といった多様な組織再編制度を用意
しています。組織再編行為を総称した言葉がM＆Aです。

　M＆Aなどを有効活用して、会社が生き残っていければよいのです
が、昨今の社会情勢や景気の状況などから、残念ながら、会社として
の活動を終わらせることを考えなければならないこともあります。経
営者としては任意整理、事業再生ＡＤＲ、民事再生、解散・清算、破
産などの倒産処理手続きについても知っておくことが大切です。

　本書では、M＆Aと呼ばれる多様な組織再編の法律知識を解説して
います。各制度のしくみや手続きだけでなく、議事録、契約書、登記
申請書などの書式も豊富に掲載し、税務、関係者への事情説明、独占
禁止法上の規制などの関連問題もとりあげています。

　本書を組織M＆Aや再編など、経営上の問題解決に役立てていただ
ければ、監修者としてこれに勝る喜びはありません。

監修者　弁護士　岩﨑　崇

公認会計士・税理士　武田　守

Contents

第7章　知っておきたいその他の関連知識

M＆Aの基本知識

1 M&Aについて知っておこう

M&Aを活用すれば、短期間で事業を拡大できる

■ どんなことを書けばよいのか

M＆Aは、「Mergers And Acquisitions」の略で、「合併と企業買収」を意味する言葉です。M＆Aといえば、合併（52ページ）、事業譲渡（106ページ）、企業買収（株式譲渡）などが代表的です。さらに、M＆Aを実行する際には、MBO（58ページ）、株式交換（188ページ）、会社分割（126ページ）などの細かい手法も活用されています。

現在、日本において、M＆Aは、様々な経営課題を解決するための有効な手段として活用されています。具体的には、新技術やノウハウの獲得、市場シェアの拡大、事業の整理統合など幅広い目的でM&Aが用いられています。M&A（事業譲渡や企業買収）を活用することで、企業は、事業の拡大、中核事業の強化などをめざします。それらの目的を達成するには、買収などの対象になる会社が営む事業が、何らかの価値を持っている必要があります。ここでいう価値とは、商品開発力、ブランド力、販売網、知名度などです。

■ なぜM&Aを行うのか

M&Aを行う理由にはどんなものがあるのでしょうか。たとえば、事業の拡大・縮小のため、事業の効率化のため、後継者問題の解決のためなどの理由から、M&Aを行います。これらの理由の中では、「事業の拡大・縮小のため」という理由が一般的です。M＆A（合併、企業買収など）を活用すれば、事業を短時間のうちに一気に拡大できる場合があります。また、事業を譲渡する企業は、不採算の部門を売却することで、事業を縮小し、赤字の解消などをめざします。

また、最近では、中小企業の経営者の間では、後継者問題を解決するためにM&Aを利用することが増えてきました。中小企業の中には、長年事業を営んできたものの後継者が見つからないという会社があります。会社をたたむとなると従業員の処遇が問題になりますが、M&A（企業買収）によって事業を他社に売却すれば、従業員の雇用を守ることができます。一方、創業者は、事業の売却で得た資金を老後の生活費などに充てることもできるわけです。

　近年、日本では、M&Aの利用が活発になっています。その理由としては、M&Aのバリエーションが豊富になり、以前よりも利用しやすくなったことが挙げられます。企業としては、個々の経営課題に合わせて、多様なM&Aの手法の中から、最適なものを選択できるようになったのです。

▌M&Aのメリットとは

　ここではM&Aのメリットを３つ紹介しましょう。

　１つ目は、**事業展開のスピードアップ**です。たとえば、商品の販路を持たないメーカーが販売会社とM&A（合併など）を行えば、短期間で販売網を獲得できます。２つ目は、**事業を拡大できること**です。特に、同業種もしくは近い業種とのM&A（合併など）では、事業規模の拡大が期待できます。３つ目は、**事業と事業の相乗効果が見込めること**です。たとえば、技術力に強みを持つが販売力では劣るA社が、販売力に強みを持つものの技術開発が追いつかないB社と合併する場合がそうです。この場合、それぞれの弱点を補い合う相乗効果が期待できます。

▌M&Aのデメリットとは

　M&Aのデメリットは２つあります。１つ目は、**企業体質や社風の違いによる現場の混乱**です。たとえば、合併した企業の文化・風土が

あまりにも違うと、事業方針などの違いにより現場が混乱し、期待した効果が得られない場合があります。それではメリットよりもデメリットのほうが大きいという結果に終わってしまいます。2つ目は、**従業員のやる気を削ぐおそれがあること**です。たとえば、会社分割などによって、ある事業部門を別会社にして、他の会社に売却する場合がそうです。その事業部門に所属している従業員が元の会社に対して高い忠誠心を持っていると、会社分割によって、やる気を失う可能性があります。

中小企業がM&Aをするメリット

M&Aは、大企業だけが利用できる経営手法ではありません。確かに、M&Aの手法の中には、中小企業が利用するのが難しい株式交換（188ページ）のような手法もあります。しかし、中小企業でも利用できるM&Aの手法もあります。中小企業の場合は、下図のように、後継者・人材の不足や事業規模の点で問題を抱えており、それらの問題を解消するためにM&Aを活用することが多いようです。

■ 中小企業によるM&Aの採用 ……………………………………

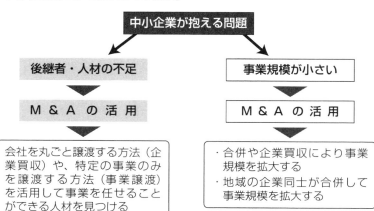

中小企業が抱える問題

後継者・人材の不足	事業規模が小さい
M & A の 活 用	M & A の 活 用
会社を丸ごと譲渡する方法（企業買収）や、特定の事業のみを譲渡する方法（事業譲渡）を活用して事業を任せることができる人材を見つける	・合併や企業買収により事業規模を拡大する ・地域の企業同士が合併して事業規模を拡大する

2 組織再編とM&Aについて知っておこう

代表的な手法は、合併、買収、事業譲渡、会社分割である

組織再編とは

　事業規模の拡大や事業効率のアップをめざして、会社は組織の再編成を行うことがあります。たとえば、事業拡大のため他社を合併する場合や、グループ会社を統括する持株会社を作るため株式移転を行う場合がそうです。会社法には、事業再編成の手続きとして、①事業譲渡、②合併、③会社分割、④株式交換、⑤株式移転、⑥株式交付の6つが用意されています。そして、この6つの手続きを総称して**組織再編**と呼んでいます。組織再編行為は、会社のあり様を大幅に変えてしまうため、株主や債権者に与える影響が大きいといえます。そのため、会社法には、株主や債権者を保護するための様々な規定が設けられています。具体的には、株主総会の特別決議（14ページ）による承認、事前・事後の情報開示、債権者保護手続きなどを経る必要があります。

どのような手段があるのか

　M＆Aの一環として組織再編が伴うこともあります。ここではM&Aの代表的な手法を5つ紹介しましょう。

・合併（52ページ）

　複数の会社が合体して、ひとつの会社になることを合併といいます。合併の特徴は、個々の会社が持っていた権利義務（財産や負債など）を全部ひっくるめてそのまま（包括的に）合体後の会社に引き継ぐことです。合併のメリットは、個々の権利義務（財産や負債など）の移転手続きが不要であることです。反対にデメリットは、帳簿には出てこない負債を引き継ぐおそれがあることです。実務上は、1つの会社

が、その他の会社を取り込む吸収合併といわれる手法が主流です。

・**株式取得による買収**

　相手企業の株式を購入することで、相手企業に対する支配権を獲得します。株式取得による買収のメリットは、手続きが簡単であることです。株式を購入するだけで会社の支配権を取得できるからです。反対にデメリットは、株式の取得に多額の費用がかかることです。

　相手企業に対する支配力は、所得する株式数が多いほど高まります。取得株式数については、総議決権の３分の２、２分の１、３分の１という数字がポイントです。

　総議決権の３分の２以上の株式をもつと、株主総会で特別決議を可決できます。具体的には、会社にとっての重要事項（定款変更、合併、監査役解任など）を単独で決定できます。

　総議決権の２分の１を超える株式（つまり、過半数の株式）をもつと、株主総会で普通決議を可決できます。通常「経営権を握る」といえば、２分の１超の株式を取得することをいいます。２分の１超の株式を取得すれば、取締役選任決議を単独で可決でき、会社を経営できるからです。

　総議決権の３分の１を超える株式をもつと、株主総会で特別決議を否決できます。特別決議の要件は３分の２「以上」ですから、仮に多数派が３分の２ちょうど、少数派が３分の１ちょうどだったときには多数派の特別決議が成立してしまいます。逆に、少数派が３分の１「超」の株式をもてば、多数派の株式は３分の２「未満」になりますので多数派は特別決議を成立させることができません。つまり、３分の１超の株式を取得すると、経営に関する重要事項を決定する際に、拒否権を持つことになります。

・**株式交換による買収**（188ページ）

　相手企業の発行済み株式を100％取得して、完全子会社化する手法です。株式を取得する際の対価が、お金ではなく、自社の株式である

点で、株式取得による買収とは異なります。株式交換による買収のメリットは、買収資金（現金）が不要なことです。

・事業譲渡（106ページ）

相手企業が運営している事業のうち、必要な事業を、お金を支払って買い取る方法です。会社を丸ごと取得するのではなく、事業だけを取得する点が特徴です。また、事業譲渡は、株式取得による買収とは異なり、株式の取引が介在しません。

・会社分割（126ページ）

会社の事業の全部または一部を別の会社にそのまま引き継がせる手法です。会社分割の特徴は、合併と同様に、事業に関連した個々の権利義務（財産や負債など）を包括的に他社に引き継ぐことです。会社分割には、既存の会社に事業を引き継ぐ吸収分割と、新設された会社に事業を引き継ぐ新設分割の2種類があります。

■ 代表的なM&Aスキームの比較 ………………………………………

	事業譲渡	合併		会社分割		株式譲渡	株式交付
		吸収合併	新設合併	吸収分割	新設分割		
株主総会の特別決議	事業の全部または重要な一部の譲渡、事業全部の譲受けの場合、必要	必要	必要	必要	必要	不要 （譲渡制限株式の場合、譲渡承認は必要）	必要
株式買取請求権	あり	あり	あり	あり	あり	なし	あり
債権者保護手続き	なし	あり	あり	あり	あり	なし	一定の場合にあ
効力発生日	契約で定められた日	契約で定められた日	設立登記日	契約で定められた日	設立登記日	契約で定められた日	契約で定められた日
株主の変動	なし	消滅会社の株主は原則として存続会社の株主となる	消滅会社の株主は原則として新設会社の株主となる	原則としてなし	原則としてなし	株式の譲受人が譲渡会社の株主になる	親子会社の関係になる

3 簡易組織再編と略式組織再編という手法もある

簡易・略式組織再編の利点は、株主総会の特別決議を省略できること

簡易組織再編とは

　通常、会社が、合併や会社分割などの組織再編を行う場合、その手続きはとても面倒です。たとえば、合併では合併存続会社と合併消滅会社における特別決議（14ページ）が必要になりますが、特別決議を可決する条件は厳しくなっています。具体的には、総議決権の過半数を有する株主が出席して、出席した株主の議決権の3分の2以上の多数で決議する必要があります。

　このように厳しい条件が課されるのは、組織再編が会社に与える影響が大きいからです。しかし、組織再編の中には、会社に与える影響が軽微なものもあります。たとえば、大企業が規模の小さなベンチャー企業を吸収合併する場合がそうです。

　また、大企業が分割会社となる場合でも、巨大な資産のうちのごく一部だけを承継会社に引き継ぐのであれば、会社に与える影響は軽微です。会社の事業に与える影響が少ないにもかかわらず、原則どおり株主総会の特別決議を求めると、負担が大きすぎます。

　そこで、規模の大きな会社が組織再編を行う場合などに、一定の条件をクリアすれば株主総会の特別決議を省略できる制度が設けられています。これが**簡易組織再編**です。簡易組織再編は、合併、分割、株式交換、事業譲渡（一部、全部）について認められます。簡易組織再編のメリットは、株主総会決議の可決に必要な手間や時間、費用がかからなくなり、スピーディな再編が可能になることです。

▌どのような条件が必要になるのか

　簡易組織再編を利用できるケースは大きく分けて2つあり、それぞれのケースで簡易組織再編の利用条件が異なります。

① **規模の大きな会社が、規模の小さな会社を吸収合併によって取り込むのと類似したケース**

　大きな会社について株主総会決議の省略が可能です。このケースでは組織再編の対価である株式等の金額と、対価を交付する会社の純資産額を比較して、簡易組織再編が可能かどうかを判断します。具体的には、吸収合併では、消滅会社の株主に交付する株式等の金額が存続会社の純資産の20%以下の場合に簡易組織再編が認められます。同様に、吸収分割（126ページ）、株式交換（188ページ）でも、分割承継

■ 簡易組織再編と略式組織再編（吸収合併の場合）…………………

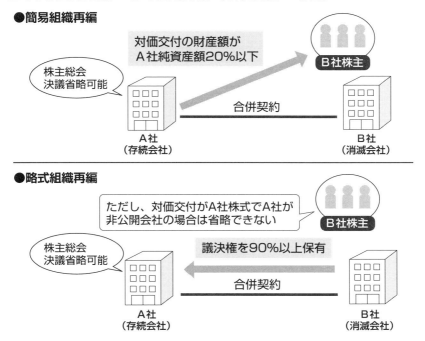

●簡易組織再編

株主総会決議省略可能

対価交付の財産額がA社純資産額20%以下

B社株主

合併契約

A社（存続会社）

B社（消滅会社）

●略式組織再編

ただし、対価交付がA社株式でA社が非公開会社の場合は省略できない

B社株主

株主総会決議省略可能

議決権を90%以上保有

合併契約

A社（存続会社）

B社（消滅会社）

会社、完全親会社になる会社が交付する株式等の額が、純資産の20%以下なら簡易組織再編が可能です。

② 分割会社が、資産のうちのごく一部を承継会社に引き継ぐのと類似したケース

具体的には、吸収分割、新設分割、事業譲渡に関して、分割会社と譲渡会社について一定の条件をクリアすれば株主総会決議を省略できます。その条件は、承継または譲渡される資産の帳簿価格の合計が、分割会社または譲渡会社の総資産の20%以下の場合であることです。

なお、簡易組織再編の条件に出てくる「総資産の20％以下」という数字は、存続会社等の定款によって引き下げることが可能です。

ただし、簡易組織再編を利用できないケースが2つあります。①会社が株式の譲渡制限を設けている場合と、②合併の存続会社が承継する負債の簿価が資産の簿価を超える場合です。

▎略式組織再編とは

略式組織再編は、簡易組織再編と同様に、株主総会決議の省略を可能にする制度です。主にグループ企業内の事業再編などを想定した制度です。この制度は、株式による支配関係のある会社間での組織再編について株主総会決議の省略を認める点がポイントです。

たとえば、100％子会社を吸収合併する場合、子会社で株主総会を開いて決議を得る意味がありません。子会社の株主は親会社しかおらず、株主総会を開催すれば当然、決議が可決されるからです。そこで、一方の当事会社およびその直接または間接の100％子会社か相手方の総株主の議決権の90％以上を所有している会社の組織再編については、子会社側の株主総会決議を不要とする取扱いにしているのです。

ただし、略式組織再編の場合と同様に、株式の譲渡制限がある会社は、略式組織再編を利用できません。なお、略式組織再編と簡易組織再編の両方を組み合わせて利用することも可能です。

4 株式評価はどのようにするのか

企業の価値に対する考え方の違いなどによって、3つの方法がある

なぜ評価が必要になるのか

　M&Aでは、ほとんどのケースで株式の移動があります。つまり、株式を買う（譲渡を受ける）人・会社と、株式を売る（譲渡する）人・会社が存在するわけです。株式を買う側はなるべく安く買おうとするのが一般的ですし、売る側はなるべく高く売ろうとするのが普通です。初めから利害関係が対立するわけですから、ただ売買価格を言い合っても、決着はつきません。そこで、客観的な形で株式の値段を評価し、それをもとに売却価格を交渉するということになります。株式評価は、M&Aを円滑に行うために避けて通れない重要事項といえるわけです。

　では、交渉のたたき台となる客観的な評価方法にはどのようなものがあるのでしょうか。以下の、3つの考え方があります。

① 会社をひとつのモノと考え、その値段を算出して株式の価格を出す考え方

　具体的な算出方法は21ページで説明しますが、たとえば、貸借対照表の純資産を時価に評価し直した金額を会社の価格と考え、発行済み株式数で割れば、それが適正な株式の評価額といえるわけです。しかし、このような評価方法には、大きな問題点があります。会社は、ただ資産を持っているだけではなく、その資産を使って事業を行い、金を儲ける器でもあるという側面が、この方法では評価されていないからです。たとえば、金の卵を産む鶏の話を例に考えてみましょう。鶏に変わりないので、金の卵を産む鶏も普通の卵を産む鶏と同じ値段で売買するということになったら、ほとんどの人は首をかしげるでしょ

う。金の卵を産む鶏は、金の卵を産むという価値がある分だけ、当然、他の鶏よりも価格が高くなるのが普通だからです。このたとえをもとに、金の卵を会社の生み出す利益に置きかえれば、単に資産を評価しただけでは会社の本当の価値を算出したことにならないことは理解できると思います。

② 会社が将来生み出すと予想される利益をその会社の価値（価格）だとする考え方

DCF（ディスカウント・キャッシュフロー）方式などが代表例です。しかし、残念ながら、この方法にも欠点があります。将来生み出す利益は、会社の事業などを分析して予想するしかないのですが、この予想どおりに利益が生み出されるかは誰にも証明できないからです。予想が外れれば（実際、そのようなケースがほとんどなのですが）、この方法によって算出された企業価値（価格）も偽りになってしまうのです。

③ 他の類似した事業を行っている、同程度の規模の会社と比較しておおよその企業価値を決める方法

この方法は、説得力がありそうに見えるのですが、比較対象となる企業が見つけられるかどうかが大きなハードルになります。また、上場会社と比較する場合、株価が毎日変動しますので、企業価値を算定する際のネックになる場合もあります。さらに、この方式は、本来、相続税や贈与税といった徴税の際に使われるものなのです。したがって、M&Aでは、非常に特殊な事業をしている会社のおおまかな価値を推計する際に参考値となる以外に使われることはめったにありません。

このように、3つの評価方法は、それぞれに欠点があります。つまり、誰もが納得できる企業の定価を出すのは、本当は不可能ということなのです。しかし、評価をしなければならないという差し迫った現実があるわけですから、M&Aの際には、具体的な案件ごとに売り手も買い手も納得できる方法を使って評価するしかないのです。

なお、M＆Aでは、「企業が将来生み出すと予想される利益をその会社の価値」だとする考え方が、最も多く使われる評価方法です。

具体的な評価の方法について

　前述した3つの企業評価方法ごとに具体的な株式評価方法を見ていきましょう。まず、会社をひとつのモノと考える評価方法の代表例には、純資産方式があります。会社が年に1回必ず作成する貸借対照表をもとに純資産の評価額（貸借対照表の純資産を時価に評価し直した数字）を会社の価値とする考え方です。株価は、この評価額を発行済み株式数で割ることによって算出できます。

　次に、会社が将来生み出すと予想される利益をその会社の価値とする考え方に基づく評価方法の代表例には、①**DCF方式**、②**配当還元方式**、③**直接還元方式**などがあります。DCF方式は、将来生み出されるであろうキャッシュフローを予想し、その金額を現在価値に置き換えた金額を会社の価値とします。株価は、この金額を発行済み株式数で割って算出します。M＆Aで最も多く使われる評価方法でもあります。

　配当還元方式は、株式の配当金をもとに株式の評価額を決めるという方式です。ただ、配当は、経営者の政策によって決まることが多いため、配当をもとに株式の価値を決定することはあまりありません。

　直接還元方式は、税引前の当期純利益を、収益性を示す還元利回りで割って会社の価値とする方式です。収益還元法と言われる手法のひとつで、DCF法も収益還元法の一種です。DCF法に比べて計算式が単純なメリットはありますが、還元利回りをどう設定するかによって、算出される企業価値が大きく変わってしまうおそれもあります。

　最後に、類似した事業を行っている、同程度の規模の会社と比較する手法には、④**類似業種比準方式**などがあります。計算方法は、国税庁の財産評価基本通達で規定されています。それにならって計算すれば、簡単に算出できます。

事業再編のために会社を終わらせる

前向きな終わらせ方と、後ろ向きな終わらせ方がある

終わらせ方にもいろいろある

　会社の終わらせ方には、大きく分けると前向き・発展的な終わらせ方と後ろ向き・衰退的な終わらせ方があります。前向き・発展的な終わらせ方とは、事業の拡大を図ることを目的として、今までとは会社の在り方を変えるものです。M＆Aが典型といえるでしょう。具体的な方法としては、会社の合併（52ページ）・分割（126ページ）、株式の売却（会社売却）などがあります。

　一方、後ろ向き・衰退的な終わらせ方の典型は、事業不振による会社の倒産が挙げられます。具体的には、破産（248ページ）、清算（230ページ）、株式の売却（会社売却）などがあります。これらは、事業が不振であるため会社を存続できないという点で共通しているわけですが、そうでない理由でやむを得ず会社を終わらせる場合もあります。業績は堅調だが、いろいろな理由から次の経営者が見つからず、廃業するという場合が典型だといえるでしょう。

進むべき方向性をどのように決めるか

　会社を終わらせる決断をどのようにするかについては、前向き・発展的な終わらせ方と、後ろ向き・衰退的な終わらせ方とで違います。

　まず、前向き・発展的な終わらせ方の場合、決断するために検討すべき要素には、人材・物資・資金（ヒト、モノ、カネ）があります。これは、会社を形作る3つの基本要素でもあります。

　人材については、会社を終わらせることによって事業を発展させるための人材確保ができるのか、人材を今まで以上に有効活用できるよ

うになるのか、といったことを検討する必要があります。

　物資については、有効活用できるモノが手に入るのか、また、手に入らなかった場合は、どの程度の影響があるのか、といったことを検討します。注意したいのは、この場合のモノは、目に見えるモノだけではないということです。特許や技術力など目に見えないが価値のあるモノは、会社を形作る３要素を考える場合、すべてモノになります。これらのモノに関しては、一般的なモノと違って、決断によっては社外に流出してしまうというリスクも併せて検討する必要があります。

　資金については、手持ちの資金や、借入金を含めて実際にどのくらいまで投入・確保できるか、投入・確保できるお金に見合った利益がいつまでにどの程度期待できるかといったことの他、反対にお金を投入して失敗した際のリスクなども十分検討し、得られる利益とリスクの両方を比較して決断する必要があります。

　これらの３要素の他に、**時間**という要素もあります。M＆Aに踏み切った経営者がその理由として「時間を買った」とよくいいます。会社を買収することによって、ヒトを育てる時間、モノを調達するための時間、市場を確保するための時間を大幅に短縮することができるという意味です。この場合、「時間を買う」という言葉からもわかるよ

■ **事業の終わらせ方** ……………………………………………………

前向きに終わらせる場合	後向きに終わらせる場合
↓	↓
人材・物資・資金・時間・情報の有効活用が可能	財務状況、業界の動向などの見極め
↓	↓
M&A などにより前向き・発展的に会社を終わらせる	破産、清算、株式の売却などにより、事業を終結させる

うに、時間短縮のメリットとカネを投じるリスクを天秤にかける必要があります。

また、**情報**という要素もあります。M&Aなどによって、事業規模が大きくなり、今まで以上に貴重な情報が入るようになる可能性があります。一方、規模が大きくなりすぎ、業界の中で孤立してしまい、かえって情報が入って来なくなるというおそれもあります。メリットとデメリットを天秤にかけて検討しなければなりません。人材、物資、資金に時間、情報を加えた5つが、前向き・発展的な終わらせ方をする場合に検討すべき要素といえます。

反対に、後ろ向き・衰退的な終わらせ方をする場合に検討すべき要素には、①**財務状況**、②**キャッシュフロー状況**、③**会社内部の状況**、④**外部環境**の4つがあります。①財務状況では、赤字の大きさや期間が判断基準となります。また、財務状況がまだ、良好な状態でも、資金繰りが大変という場合もあります。実際、平成20年のリーマンショック以降は黒字倒産の例もありました。したがって、②キャッシュフロー状況も十分に吟味しなければなりません。③会社内部の状況は、社員の士気、経営陣のやる気の見極めをはじめ、経営資源の見直しを行います。④外部環境では、業界の動向、取引先の反応などの見極めを行う必要があります。

▎終わらせるかどうかの判断となるのはどの時期か

どのような時点で会社を終わらせる判断をするかということも、前向き・発展的な終わらせ方の場合と、後ろ向き・衰退的な終わらせ方をする場合とで異なります。

前向き・発展的な終わらせ方をする場合は、経営者自身が比較的慎重に、検討する時間もかけて判断することが可能です。したがって、前述した決断のための要素を十分に検討して判断をすることが肝心となります。一方、後ろ向き・衰退的な終わらせ方をする場合では、経

営者に冷静な判断を行う余裕が時間的にも精神的にもない場合が少なくありません。また、判断時期を誤ると、多額の借金が残ったり、ステークホルダーに多大な迷惑をかけたりする場合があります。そこで、ここでは、後ろ向き・衰退的な終わらせ方の場合の判断の時期について説明します。

　まず、多くの経営者が会社を終わらせようと考えるのは、赤字になったときです。しかし、1年度だけ赤字（単年度赤字）であったとしても、すぐに会社を終わらせることを考えるべきでしょうか。答えはノーです。

　会社が後ろ向きに終わってしまうことを前提にして起業する人はいないでしょう。また、平均でも会社の寿命は30年と言われています。そのうちの1年が赤字になってもすぐにどうかなるということはありません。さらに付け加えれば、日本では、中小企業の大半が赤字企業なのが現実です。これらの現実からも、単年度赤字になった段階では、冷静に建て直し策を検討する方を優先すべきでしょう。

　では、どの程度連続して赤字になると、会社を終わらせることを考えたほうがよいのでしょうか。一応の目安としては、3年と言われています。3期連続で赤字となった場合は、さすがに抜本的な事業再建か、会社を終わらせることを考えなければならないでしょう。

　会社を終わらせるかどうかの決断を嫌が応でも大急ぎでしなければならないのは、債務超過になった時です。債務超過とは、貸借対照表の「純資産の部」がマイナスになった状態をいいます。つまり、この時点で会社を清算すると、借金が残るという状況のことです。このような状況の下では、会社としての信用はガタ落ちになります。銀行は融資の引き上げに動くでしょう。取引先も手を引く可能性が非常に高くなります。金融商品取引所では、債務超過から1年以内に解消しない場合は上場廃止になるという規定さえあります。債務超過をクリアするには、会社を終わらせる以外では、大がかりなリストラをするか、新しい出資先を探すか、政府の補助金などを申請するかといった債務

超過を解消するための方策を早急に練る以外にありません。

　ただ、これらの方策を実施するためには、債務超過が解消されれば、会社が存続できることを明確にしなければなりません。したがって、債務超過になった場合は、会社を終わらせることも十分に考慮に入れた上で、少なくとも、まず、最初に自社の経営資源を分析し直し、今後も事業を進めていけるかどうかを慎重に判断することが必要になります。

▌負債がある場合にはその処理を考えておく必要がある

　債務超過になったので、会社を終わらせようと決断しても、負債が多すぎて、会社を潰すことさえできないというケースもよくあります。たとえば、民事再生（242ページ）を申請するには、そのための手続きだけで300万円程度のお金がかかることもあります。借金を重ねると、300万円程度のお金であっても用意するのが難しくなります。

　また、中小企業の場合、たいてい、金融機関の借入れには、経営者やその家族が個人的に連帯保証人になっています。したがって、会社を潰すことによって、経営者やその家族は、個人としても破産に追い込まれるということが非常に多いのが実情です。反対に、めったにありませんが、負債がゼロの会社を終わらせることは比較的簡単です。つまり、会社を終わらせる決断をするときは、負債の処理法を十分に考えた上で、できる限り、負債をなくしておくようにする必要があるのです。

6 新たなスタートのために会社を終わらせることもある

「会社」という名前を捨て、「事業継続」という実をとる

会社の継続ではなく事業の継続を選択する

　新たなスタートのために会社を終わらせるという具体的なケースには、2種類あります。①会社が今まで以上に発展すると期待できる場合と、②会社を終わらせることによって今までの借入金など、負の資産をすべて清算して、新たにスタートを切る場合です。

　①は、M&Aが代表的な事例です。産業構造や競争環境の変化によって、M&Aにより、吸収あるいは買収されたほうが、将来さらに発展できる可能性が高い場合に行われます。吸収あるいは買収されれば、会社はなくなってしまいますが、吸収・買収先の会社には、事業価値が引き継がれ、その後も事業は継続します。

　②は、たとえば、現在は事業が円滑に行われているが、過去の負債が多額に上り、なかなか返済できない状況で見られます。過去の負債のせいで新規の借入れや、設備投資などを行えず、現在の会社の事業運営にも影響を与えているような場合です。この場合、会社を潰し、過去の負債をゼロにした上で、同じ事業を新しい会社で再スタートさせるという選択肢が考えられるわけです。

事業の継続を選択する場合の判断要素は何か

　まず、将来の事業発展を期待するケースでは、このまま、会社を継続させて事業を行った場合と、他社に吸収・買収されて事業を担ってもらった場合とで、どちらが事業として発展するかということです。極端な話にはなりますが、吸収・買収してもらっても、事業が発展すると見込めるのは数十年先というような場合は、時間軸から考えます

と、今までどおりに単独で事業を進めたほうがよいという選択も成り立ちます。

また、他の企業に吸収・買収してもらうことで、後継者問題を解決するという考え方もあります。

一方、過去の負債をゼロにし、再スタートを切るケースでは、仮に会社を潰しても、その影響で今までの得意先が付き合ってもらえなくなるおそれがあります。ステークホルダーが会社を終わらせることに納得し、再スタート後も付き合ってもらえるのかについて事前に判断・確認しておかなければならないのです。

回復のために事業を切り離す

会社を継続させるための方法として、不採算部門を切り離すという方策もあります。切り離しの方法には、2通りあります。ひとつは、切り離した事業部門をそのまま廃止する「事業の廃止」、もうひとつは、切り離した事業をどこか別の企業に売却する「事業譲渡」です。

事業譲渡では、従業員ごと相手に引き取ってもらえれば、経営者として心の痛みを減らせますし、譲渡に伴い、いくらかでも対価を期待できる可能性もあります。しかし、自分たちが撤退したいと思っている事業を喜んで引き取ってくれる相手を探すのが大変です。可能性としては、自社の不採算事業が引き取り先にとっては事業の相乗効果を認められる場合が考えられます。よい引き取り先を見つけるためにも、廃止する事業部門の資産を分析し直して、少しでも優位な面を見つけ出す作業が必要でしょう。それがうまくできれば、期待以上の好条件で譲渡できる可能性もあります。

事業の切り離しをするには、不採算部門を切り離せば、社業が回復すると見込まれることが大前提になります。それを見極めるためには、会社全体を再生するためのプロジェクトを実施する必要があります。不採算部門の切り離しは、このプロジェクトの一部にすぎないともい

えます。

　プロジェクトはどのように行うかといいますと、具体的には、まず、会社の業績が不振な原因を明確にします。次に、それを分析し、対応策を作ります。そして、対応策を実行します。たとえば、不採算部門の切り離しです。続いて実行の検証を行います。

　大切なのは、このプロジェクトのサイクルを一度だけで終わらせてはいけないということです。一度のサイクルで終わらせるのではなく、このサイクルを繰り返し実行することによって、本当に筋肉質な会社として生まれ変われるのだと考えてください。

どのような再生支援手続きなのか

　会社の不採算部門を切り離して会社を再生させる方法に、収益性のある部門を第二会社に移転させる第二会社方式の再建があります。

　第二会社方式は、主に中小企業を対象とした事業再生の手法です。第二会社方式では、会社の事業のうち、収益性のあるものを会社分割や事業譲渡により、他の会社（第二会社）に引き継ぎます。そして、不採算の事業（債務を含む）は旧会社に残し、旧会社を特別清算（234ページ）や破産（248ページ）によって消滅させることで債務整理を行います。

　この第二会社方式による再建計画については、国から認定を受けると、次の３つの支援を受けることができます。１つ目は、許認可の承

■ 事業の継続を選択する場合の判断要素 ······························

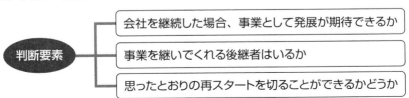

判断要素

- 会社を継続した場合、事業として発展が期待できるか
- 事業を継いでくれる後継者はいるか
- 思ったとおりの再スタートを切ることができるかどうか

継です。第二会社に事業を引き継ぐ場合、第二会社の営業に必要な許認可を旧会社から承継できます。つまり、新会社について再度許認可を取得する必要がないわけです。2つ目は、税負担の軽減措置です。第二会社に不動産を移転する場合には、登録免許税と不動産取得税が軽減されます。3つ目は、金融支援です。第二会社は、日本政策金融公庫の特別融資や中小企業信用保険法の特例による金融支援を受けることができます。

　第二会社方式による再生計画の認定を受ける場合は、あらかじめ指定された債権者調整プロセスを経る必要がある点に注意が必要です。具体的には、中小企業再生支援協議会（241ページ）、事業再生ADR（239ページ）、私的整理に関するガイドライン（238ページ）、地域経済活性化支援機構などの手続きを経る必要があります。

　第二会社方式による事業再建の認定手続きは、①窓口相談、②再生計画の作成、③再生計画の認定申請、④認定という流れです。

①　窓口相談

　申請者は、経済産業局または中小企業再生支援協議会に出向いて、専門家に経営相談を行います。

②　再生計画の作成

　専門家の助言を受け、また事業内容や財務についてデューデリジェンス（63ページ）を実施し、再生計画を作成します。

③　再生計画の認定申請

　中小企業再生支援協議会などの債権者調整プロセスを経て、債権者全員の合意を得て、再生計画の認定申請を行います。

④　認定

　主務大臣は、認定申請書が必要な要件をクリアしているかどうか審査し、経済産業局長と協議の上、再生計画を共同認定します。認定後は、申請者は、再生計画を実行し、必要に応じて、その実行状況を経済産業局に報告します。

第 2 章

議事録作成や
登記申請の基本

1 議事録作成の手順について知っておこう

事前に議事録案を作成しておくことが実務上多い

議事録作成の期日について

　株主総会や取締役会などが開催された場合には**議事録**を作成する義務がありますが、いつまでに作成すればよいかが問題となります。株主総会議事録の場合、「株主総会の日から10年間、株主総会議事録を本店に備え置かなければならない（会社法318条2項)」と規定されています。取締役会議事録、監査役会議事録の場合も、同様の「取締役会の日から10年間」「監査役会の日から10年間」という規定があります（会社法371条1項、394条1項）。

　そこで、議事録は株主総会などの開催前に、想定される議事の経過・結果をもとにして事前に案を作成しておき、株主総会などが終結した場合には、できるだけ早く修正や加筆を行い、議事録を完成させるのがよいでしょう。

　議事録を作成するためには、各議事録の法定記載事項を確認しておく必要があります。

　事前に想定される経過・結果をもとに議事録案を作成していたとしても、株主総会などの進行中に、事前に想定していなかった議案が提出され、決議されることもあります。そこで、録音・録画などをして、終結後に正確な議事録を作成しやすくする準備も必要です。

議事録にする署名または記名押印について

　議事録を書面で作成した場合、取締役会議事録には、出席した取締役及び監査役が署名または記名押印する必要があり（会社法369条3項)、監査役会議事録には、出席した監査役が署名または記名押印す

る必要があります（会社法393条2項）。一方、株主総会議事録には署名または記名押印の義務を定めた法令はありません。ただし、会社の定款などで、出席した取締役などに対する署名または記名押印の義務について規定している会社は、その定款などの規定に従って株主総会議事録に署名または記名押印をする義務が発生します。なお、署名とは、本人が自署する（名前を手書きする）ことで、記名押印とは、パソコンで印字するか、またはゴム印を押印するなどして記載した名前の近くに印鑑を押すことです。

議事録への署名または記名押印を要求する理由は、議事録に記載されている内容の決議が真実に行われたものであることを担保するためであったり、その議事録が会社にとって真正なものである（本物の議事録である）ことを証明するためです。議事録に記載された決議内容について出席役員が責任を負うという意味もあります。

したがって、株主総会議事録についても、定款などで署名または記名押印を義務付けていなくても、出席役員に署名または記名押印をさせるのが望ましいといえるでしょう。一般的にも、議長や議事録作成の職務を行った代表取締役が自らの記名に会社代表印を押印したり、出席取締役全員が記名押印したりするなどの取扱いをする会社が多いようです。

■ 議事録の作成手順例（株主総会の場合）……………………………

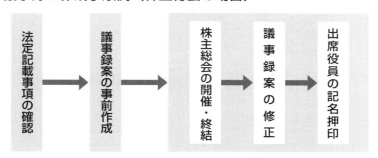

法定記載事項の確認 → 議事録案の事前作成 → 株主総会の開催・終結 → 議事録案の修正 → 出席役員の記名押印

株主総会のしくみと議事録の作成手順をおさえよう

法令や定款を確認して株主総会の決議要件を把握する

■ 株主総会とは

株主総会とは、会社の株主を集めて、その会社の方針などを決定する機関です。株主総会を開く目的は、会社の方針などを株主の総意によって決定することにあります。

株主総会の役割は、その会社が取締役会を設置している会社（取締役会設置会社）であるか、取締役会を設置していない会社（取締役会非設置会社）であるかによって異なります。

取締役会設置会社の場合は、経営のプロである取締役が一堂に会する取締役会が、会社の経営に関する意思決定を行う機関として位置付けられています。そのため、会社法上、取締役会設置会社の株主総会の権限は限定的なものになっています。具体的には、会社法及びその会社の定款に「株主総会で定めるべきである」と規定されている事項（基本的事項）についてだけ決議をすることができます。

一方、取締役会非設置会社は規模の小さい会社が多いため、株主は会社の所有者として基本的事項だけ決定すればよい、というわけではなく、積極的に会社の経営にも参加していこうという姿勢がとられています。こうした理由から、取締役会非設置会社の株主総会では、上記の基本的事項だけでなく、その会社に関する一切の事項について決議をすることができます。

株主総会には、決算期ごとに招集される定時株主総会と、必要に応じて招集される臨時株主総会があります。株主総会の招集は代表取締役が行うのが通常です。

また、会社は発行株式の内容について特別の定めを置くことができ

ます。この内容が異なる種類の株式を種類株式、2つ以上の内容の異なる種類株式を発行する株式会社を種類株式発行会社、種類株式発行会社において特定の種類株式を保有する株主が集まる株主総会を種類株主総会といいます。特定の種類株式を保有する株主に損害を与えるおそれのある変更などを行う場合には、その株主を構成員とする種類株主総会を開催した上で、特別決議を経なければ、その変更の効力は生じません。

株主総会議事録の法定記載事項

　株主総会議事録の**法定記載事項**は、会社法施行規則72条3項各号で具体的に定められています。主な法定記載事項は下図のとおりです。

株主総会の決議と賛成者の割合の記載

　株主総会の決議には、普通決議、特別決議、特殊決議という3種類の方法があります。議事録には定足数や決議要件を満たしているのを明らかにするため、「議決権を行使することができる株主の○○％が出席」「満場一致をもって決議」「出席株主の議決権の3分の2以上の

■ 株主総会議事録の主な法定記載事項 ………………………………

主な法定記載事項

① 開催日時・場所

② 議事の経過の要領とその結果

③ 出席した取締役・執行役・会計参与・監査役・会計監査人の氏名または名称

④ 議長の氏名

⑤ 議事録の作成についての職務を行った取締役の氏名

⑥ 会社法の規定に基づいて述べられた意見や発言の内容の概要

賛成をもって決議」といった割合を示すことが必要になります。

① 普通決議

普通決議とは、議決権を行使することができる株主の議決権の過半数を持つ株主が出席し（定足数）、出席した株主の議決権の過半数の賛成を得た場合（決議要件）に成立する決議です。定足数については、定款で別段の定めをすることができ、定足数を軽減・加重・排除することができます。一方、過半数という決議要件は、定款の定めによって加重することができます。ただし、役員（取締役・監査役・会計参与）の選任決議及び取締役や会計参与の解任決議は普通決議となりますが、通常の普通決議と異なり、定足数を3分の1未満に軽減することはできません（会社法341条）。

② 特別決議

特別決議とは、議決権を行使することができる株主の議決権の過半数を持つ株主が出席し（定足数）、出席した株主の議決権の3分の2以上の賛成を得た場合（決議要件）に成立する決議です。定款の定めにより、定足数は3分の1まで軽減することが可能で、決議要件は加重することが可能です。定款の変更、他の会社との合併を決議する場合など、会社の行く末を決定するような重要な事項を決定する際に特別決議が必要とされています。

③ 特殊決議

特殊決議とは、決議要件が特別決議よりもさらに定足数や決議要件が重くなっている決議です。特に株主や会社に重大な影響を与える決議をする場合に特殊決議が必要とされています。定足数や決議要件は定款の定めで加重することが可能です。

たとえば、合併消滅会社の譲渡制限のない株式を持っている株主に合併存続会社の譲渡制限のある株式を交付する場合の合併契約承認決議は、議決権を行使することができる株主の半数以上、かつ、株主の議決権の3分の2以上の賛成を得る必要があります。

3 取締役会のしくみと議事録の作成手順をおさえよう

取締役会非設置会社においては取締役決定書を作成する

取締役会の開催

取締役会は、株式会社の業務執行に関する意思決定をする会議体です。取締役会は3人以上の取締役によって構成されます。公開会社などは、必ず取締役会を設置しなければなりません。取締役会設置会社の場合、役員や会計監査人の選任・解任、定款の変更、他の会社との合併など、会社の経営に関する基本的事項は株主総会で決定しますが、それ以外の事項は取締役会で決定することができます。

取締役会で決議した事項に基づく業務執行については、代表取締役だけではなく、特に賛成した取締役も法的責任を負う場合があります。取締役会の議案に反対するのであれば、取締役会で反対を表明し、かつ、反対したことを議事録に記載しておかなければ、議案に賛成したとみなされ、法的責任を負うことがあります。

会社法では、取締役会設置会社の場合に、取締役会で決議すべき事項を規定しています。たとえば、重要な財産の処分・譲受け、多額の借財、支配人その他の重要な使用人の選任・解任、支店その他の重要な組織の設置・変更・廃止、内部統制システムの構築などです。令和元年成立の会社法改正により、会社と取締役との利益相反状況がある場合などにおいて、社外性を失わせることなく社外取締役に対して業務の執行を委託することも、取締役会で決議すべき事項として追加されました。

これらの事項は、取締役会の決議によらなければならない取締役会の専属的決議事項です（会社法362条4項）。代表取締役が選定されているとしても、専属的決議事項については、代表取締役だけで決定す

ることが許されないとともに、取締役会が他の取締役に決定権限を委任することも許されません。

　なお、取締役会の専属的決議事項について決議を急ぐ必要がある場合には、臨時に取締役会を開催することも可能です。

取締役会議事録の法定記載事項

　取締役会議事録は、取締役会で検討された議事の経過やその結果について記載するものです。主な**法定記載事項**は以下のとおりです（会社法施行規則101条3項）。

・取締役会の開催日時・場所
・取締役会の議事の経過の要領とその結果（報告内容と決議事項）
・取締役会での決議を要する事項について、その事項に特別の利害関係がある取締役がいる場合は、その取締役の氏名
・出席した執行役・会計参与・会計監査人・株主の氏名または名称
・議長がいる場合は、議長の氏名
・テレビ電話システムなどを利用して、開催場所以外から取締役会に出席した役員等や株主がいる場合は、その出席方法
・特別取締役による取締役会の決議であった場合は、その旨
・定款または取締役会の定めによって招集権限を与えられている取締役以外の取締役によって招集されたときは、その旨
・監査役または株主の請求によって招集されたときは、その旨

　その他にも、次に挙げる事項に関連する意見や発言があった場合には、その意見・発言の内容の概要も議事録に記載します。

① **取締役の意見・発言**

　競業取引（会社の事業と同様の業務について取締役や執行役が自己または第三者のために行う取引のこと）や、利益相反取引（取締役や執行役が行う会社の利益を損なう可能性のある取引）を行った取締役による意見・発言の内容

② **株主の意見・発言**

　取締役が違法行為を行う危険があることを理由に株主が取締役会の開催を請求した株主が取締役会に出席して意見・発言した内容

③ **会計参与の意見・発言**

　各事業年度の計算書類・事業報告・付属明細書・臨時計算書類・連結計算書類（会計監査人設置会社の場合で監査役と会計監査人の監査を経たもの）の承認をする取締役会において、必要と認めるときに取締役会に出席した会計参与が意見・発言した内容

④ **監査役の意見・発言**

　取締役会に出席した監査役が必要と認めるときに意見・発言した内容

取締役会の決議と賛成者の記載

　取締役会は各取締役が招集できますが、定款または取締役会で定めた内部規程（取締役会規則など）によって特定の取締役だけに招集権限を与えることも可能です。また、監査役の請求によって取締役会が開催されることもあります。なお、株主の請求によって開催されるのは、監査役設置会社・監査等委員会設置会社・指名委員会等設置会社を除いた取締役会設置会社の場合に限定されています。

　取締役会では、前述した専属的決議事項など、会社の経営に関する重要な業務執行に関して決議をします。取締役会の決議は、議決に参加できる取締役（議決する議案について特別な利害関係を有する取締役は参加できません）の過半数が出席し（定足数）、出席者の過半数の賛成を得る（決議要件）ことによって成立します。定足数・決議要件がともに過半数を上回る割合であれば、定款で別段の定めをすることができます。取締役会議事録には、「出席取締役の全員一致により」などと決議が成立したことが明確になるような記載をします。決議に反対する取締役がいた場合には、その旨を記録に残すため、「○○及び××を除く取締役全員の賛成により」などと記載します。

取締役会非設置会社における取締役決定書

　取締役会非設置会社については、取締役会がないので取締役会議事録を作成することはありません。取締役会非設置会社の業務は、取締役が複数名いる場合、原則として取締役の過半数の一致（賛成）によって決定すると規定されています（会社法348条2項）。取締役の過半数の一致をもって、業務執行の決定をした場合は、これを証明する書類を作成すべきです。一般的には**取締役決定書（決議書）**などの名称で作成することが多いようです。取締役決定書は、取締役会議事録と異なり、会社法で作成が義務付けられている書類ではないため、法定記載事項はありません。しかし、取締役の過半数の一致があったことを後日の証拠として残すためにも、取締役決定書の作成を慣例化させておくべきでしょう。

　なお、取締役会非設置会社の登記申請の際には、取締役会議事録の添付に代えて、取締役の過半数の一致があったことを証明する書類として、取締役決定書の添付が必要になることもあります。

取締役会決議の省略

　取締役会設置会社は、取締役が取締役会の決議の目的である事項について提案をした場合において、その提案につき取締役（議決に参加できる取締役）の全員が書面または電磁的記録により同意の意思表示をしたときは、その提案を可決する旨の取締役会決議があったものとみなすことができます（会社法370条）。ただし、取締役会に出席する義務がある業務監査権限を有する監査役が、その提案について異議を述べたときは、取締役会決議があったとみなすことが認められません。この規定は、機動的な会社の運営を確保することを趣旨としていますが、取締役会の決議省略ができる旨の定款の定めがあることを条件としている点に注意が必要です。

4 株主リストについて知って おこう

株主総会決議・株主全員の同意の真実性を担保する必要がある

株主リストとは

　株主総会の決議を仮装することにより、実体のない役員変更や会社の組織の変更を行い、会社を乗っ取るなどの違法行為が行われる事案が発生しました。そこで、登記の真正を担保するために、登記すべき事項につき株主総会の決議等を必要とする登記の申請の際に、「株主の氏名又は名称、住所及び議決権数等を証する書面」、つまり、**株主リスト**を添付することが、商業登記規則に基づき義務付けられています。株主リストの提出により、株主総会決議の有効性を登記の前後で確認することが可能となります。

　なお、株主リストは、会社法に基づき株式会社に作成が義務付けられている「株主名簿」とはまったく別のものです。株主名簿は、株式会社が株主を管理するためのものであり、株主リストとは記載内容も異なります。したがって、登記申請の際に、株主リストとして、株主名簿を添付することはできません（株主名簿を添付することが必要な登記申請もあります）。

どのような点に注意して作成すればよいのか

　株主リストの添付が必要な場合は①登記すべき事項について株主総会の決議（種類株主総会の決議）を必要とする場合と、②登記すべき事項について株主全員の同意（種類株主全員の同意）を必要とする場合の２つです。

① 株主総会（種類株主総会）の決議を必要とする場合

　株主総会の決議によって登記すべき事項に変更が生じる場合に、株

主リストを添付する必要があります。たとえば、株主総会の決議で、合併契約を承認した場合や会社目的を変更する定款変更をした場合などです。

　株主リストには株主全員の情報を記載する必要はなく、株主総会において議決権を有する株主のうち、①議決権数上位10名の株主、⑨議決権割合の多い順に加算し3分の2に達するまでの株主、のいずれか少ない人数の株主を記載します。実際に株主総会に出席し、議決権を行使した株主でなくても、その株主総会で議決権を行使することが可能であった株主であれば、議決権を有する株主にあたります。また、議決権を有しない株主の例としては、自己株式を有する株主、つまり、株式会社が自社の株式を有する場合などがあります。

　株主リストの記載事項は、ⓐ対象となる株主総会、ⓑ株主総会の開催日、ⓒ対象となる議案、ⓓ株主の氏名または名称、ⓔ株主の住所、ⓕ株式数（種類株式の種類と数）、ⓖ議決権数、ⓗ議決権割合です。

　株主リストは、議案ごと（登記すべき事項ごと）に作成するのが原則ですが、株主リストの記載内容が同じ場合は、株主リストにその旨を記載し、1通作成すれば足ります。

　登記申請時の会社の代表者が株主リストを証明します。株主総会の時点の代表者ではありません。

② **株主全員（種類株主全員）の同意を必要とする場合**

　登記すべき事項が株主全員の同意によって変更する場合に、株主リストを添付する必要があります。たとえば、合併消滅会社の株主に合併存続会社である持分会社（合同会社など）の持分を交付する合併契約の承認決議のときは、株主全員の同意が必要になります。

　株主リストの記載事項は、ⓐ株主全員の同意が得られた日付、ⓑ株主全員の氏名または名称、ⓒ株主全員の住所、ⓓ株式数（種類株式発行会社は種類株式の種類と数）、ⓔ議決権数です。

5　商業登記の申請手続きについて知っておこう

会社の重要事項に変更が生じた場合には登記申請を行う

登記申請の流れ

　登記申請の方法は大きく分けると、オンラインで申請をする方法と、書面で作成した登記申請書を郵送または出頭することによって、法務局に提出する方法があります。本書では、書面で作成した登記申請書を法務局に提出することを前提に紹介します。

　登記を申請するには、まず、登記申請書を作成しなければなりません。登記申請書には、記入漏れのないよう正確に記入するようにしましょう。また、登記申請書には、原則として、その登記内容を証明するために必要な書類（添付書類）を添えて提出する必要があります。

　たとえば、株式会社合併による変更の登記の場合は、合併契約を承認したことを証明する株主総会議事録などが添付書類になります。なお、登記をするためには登録免許税を納付する必要があります。登録免許税は、金融機関において現金で納付することができますが、登記申請する際に収入印紙をもって納付するのが一般的です。

　登記申請書、添付書類の準備ができたら、管轄の法務局へ行くか、郵送により登記申請します。管轄は会社の本店所在地によって決定します。法務局へ行った場合は、商業登記の申請窓口に登記申請書、添付書類を提出します。登記申請後に、登記完了予定日の確認をしましょう。提出した登記申請書や添付書類などに不備があったような場合は、法務局から連絡（電話）がありますが、連絡がなかった場合は原則としてこの登記完了予定日に登記が完了します。登記完了予定日の到来後、登記事項証明書などを取得し、申請した登記が間違いなくされているかどうかの確認をしましょう。

登記の申請期間について

　登記の申請期間は会社法で定められています。現在登記されている事項に変更が生じた場合の登記（変更登記）の申請期間は、原則として本店所在地を管轄する法務局に申請する場合は変更が生じた日から２週間以内、支店所在地を管轄する法務局に申請する場合は３週間以内です。なお、会社法の改正により令和４年中に支店所在地における登記は廃止される予定です。

　申請期間内に登記申請をしなかった場合であっても、登記申請は受理されますが、登記を懈怠してしまった（申請期間内に登記をしなかった）場合には会社法に基づいて過料（刑罰とは異なる金銭を徴収する制裁のこと）を科せられてしまうことがありますので注意が必要です。

登記申請書の概要

　登記申請書では、どのような理由で登記をするのかを記載する「登記の事由」と、どのような内容の登記をするのかを記載する「登記すべき事項」の部分が特に重要になります。新設合併による設立登記の登記申請の場合には、「登記の事由」として「令和○年○月○日新設合併の手続終了」と記載します。また、「登記すべき事項」は「別添CD-Rのとおり」または「別紙のとおり」と記載した上で、登記すべき内容を記録したCD-Rなどの磁気ディスクを提出します。

登記申請書のとじ方

　登記申請書は図（次ページ）のように、①登記申請書、②登録免許税納付用台紙、③添付書類の順にホチキスで左綴じにするのが一般的です。登録免許税納付台紙には収入印紙を貼り付けます（現金で納付した場合はその領収書を貼り付けます）。登録免許税納付用台紙は必要というわけではなく、登記申請書のスペースに余白がある場合には、その余白に収入印紙を貼付してもかまいません。

登記申請書には登記申請人が会社代表印を押印する必要があります。登記申請書が２枚以上になった場合は、各ページの綴り目にそれぞれ契印（48ページ）が必要です。また、登記申請書と登録免許税納付用台紙の綴り目にも会社代表印で契印をする必要があります。

　会社設立時等で必要になる「印鑑届書」などは添付書類にはなりま

■ 登記申請書類のセットの仕方 ·····································

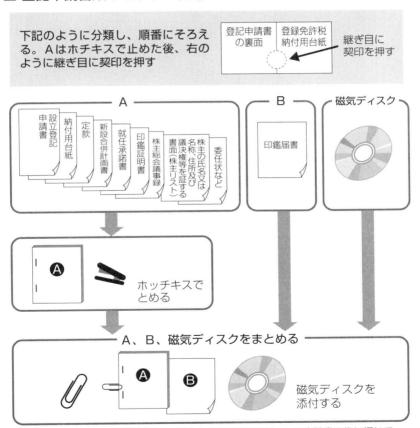

※磁気ディスクの提出の代わりに、登記すべき事項を別紙として申請書の後に綴じて提出することもできる。

せんので、登記申請書にホチキスどめをせず、クリップなどでとめて同時に提出するだけでかまいません。なお、商業登記規則の改正によりオンラインで登記申請する場合、印鑑届書の提出は任意となり、オンラインでの提出も可能となりました。一方書面で申請する場合は届出印の押印が必要となるので、今までと同様に印鑑届書の提出は必要です。

添付書類の原本還付手続き

添付書類は原本を提出することもできますが、議事録や合併契約書などの会社で保管すべき重要な書類は、その原本の還付を受けることが可能です。原本還付手続きをする場合は、登記申請書に議事録などのコピーをホチキスどめし、このコピーに「原本の写しに相違ありません。株式会社○○代表取締役○○」（司法書士に委任して申請する場合は司法書士が記名等行う）と記載し、法務局に提出します。

申請後に不備があれば補正をする

登記申請は受付後、登記官によってその内容が調査されます。登記申請書や添付書類に不備が見つかった場合には、その不備を訂正（補正といいます）するように求められます。補正があった場合、法務局から登記申請書に記載してある電話番号に電話がありますので、電話があった場合には補正の内容を確認し、必要なもの（会社代表印など）を持参し、法務局に補正に行くようにしましょう。法務局に行った後は、担当者から指示を受け正確に補正をします。添付書類の添付漏れなど、補正の内容によっては、法務局に行かなくても補正できることもありますので、事前に補正の内容を確認するとよいでしょう。

なお、補正できない誤りがある場合などは、登記申請を取り下げたり、登記官に登記申請が却下されることもありますので、登記申請をする前に必ず登記申請書、添付書類の内容をしっかり確認するようにしましょう。

6 押印方法について知っておこう

契印や訂正印は議事録作成において重要な役割を果たす

会社で使う印鑑の種類

　議事録の作成や登記申請をする場合などに重要になるのが印鑑の知識です。押印により、押印した文書は真正に成立したものと推定されます。重要書類については、第三者による改ざんを防ぐために印鑑に対する知識が必要です。

　個人が市役所・区役所などに実印の登録ができるように、会社の代表者も管轄法務局に印鑑を届け出ることが可能です。一般に法務局に届け出た印鑑を会社代表印、会社届出印、会社実印などといいます。会社代表印としては丸印（丸い印鑑）を届け出るのが一般的です。登記申請をする際や不動産の売買など重要な取引をする際に、会社代表印の押印が求められます。

　一方、会社代表印以外の印鑑は一般的に認印と呼ばれ、会社代表印と区別されます。会社代表印を押印するのは抵抗がある場合は、数種類の印鑑をケースに応じて使い分けるとよいでしょう。

　なお、法律等の改正により登記手続きでは一部を除いて押印が不要もしくは押印の有無を審査しないこととなりました。しかし、押印がないと、後からいろいろな問題が発生する可能性もあります。できる限り押印はしておきましょう。

① 訂正印

　印鑑は、通常署名や記名の後ろや下に押されるものですが、特殊な使い方がされることもあります。「訂正印」「捨印」「契印」「割印」「消印」と呼ばれる押印方法です。「訂正印」は、文書に記載された文字を訂正するときに用います。

押印されている文書を訂正するときは、まず訂正する文字に線を引いて削除します。次に、縦書きの場合はその右に、横書きの場合はその上に、それぞれ正しい文字を書き加えるのが一般的です。そして、線を引き削除した部分に直接当事者全員が押印します。この際、なるべく文字削除のために引いた線の上に重ねて押印するようにしましょう。なお、当事者全員の押印については、欄外に「2字削除、1字加入」などと記入して、訂正部分に合意する意味で、文書に押印する当事者全員の訂正印を押印するという方法でも問題ありません。

　議事録においても、その記載に誤りがあった場合は、文字に線を引いて訂正した上で、訂正箇所に当事者全員が押印するか、または訂正箇所のあるページの欄外余白に当事者全員が訂正印を押印して「○字削除、○字加入」などと記載します。訂正印については、その書類に押印する者すべての押印が必要です。たとえば、取締役会議事録の記載を修正する際に、代表取締役以外にも出席取締役がいる場合は、その取締役も全員押印することが必要です。

② **捨印**

　作成し、押印した文書に対して、訂正印を事前に押印しておくことを一般的に捨印といいます。

　捨印については、押印後に文書の中の文字を訂正する必要が出てきたときのために、文字を訂正してもよいという許可を前もって出しておく場合に使用されます。登記申請に使用する議事録などに捨印を押印しておくと、語句の訂正があったときに便利ですが、第三者に文書の内容を改変されるおそれもありますので、注意が必要です。

③ **契印**

　作成した文書が複数のページからできている場合において、すべてが一体の文書であることを証明する目的や、作成後の不正なページの差換え・改ざんを防止する目的から、綴じ目をまたいで当事者全員が押印をすることを契印といいます。一般的には「割印」とも呼ばれま

すが、本書では後述する「割印」と区別して説明します。

契印の方法として以下の２通りの方法を紹介します。

・各ページの綴り目に契印を押印する方法

複数枚をホチキスで止め、各ページの綴り目にまたがるように、文書に押印すべき当事者全員で押印します。これによって、たとえば、議事録の１枚目だけを不正に差し換えられることを防止できます。

・袋綴じをして、のりづけ部分に契印を押印する方法

複数枚をホチキスで止めた後、背の部分を別紙でつつんでのりづけ

■ 契約印の押し方 ………………………………………………………

①契印と割印

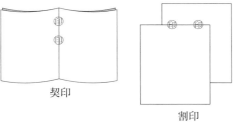

契印

割印

②捨印

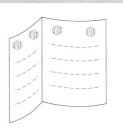

③訂正印

訂正する文字の上に二本線を引き、上部に正しい文字を記入する場合	訂正する文字の上に二本線を引き、上部に正しい文字を記入した上で、欄外に「削除２字」「加入１字」と記載する場合	訂正した文字をカッコでくくり、これに押印する場合

所在　豊島区池袋１丁目 　　　　２ 地番　̶1̶番１ 　　　㊞　㊞	削除２字 ㊞ ㊞ 加入１字 所在　豊島区池袋１丁目 　　　　　５ 地番　５番̶1̶0̶	所在　豊島区池袋１丁目 地番　（8㊞7）18番9

します（これを一般に製本といいます）。そして、のりづけの境目に
文書に押印すべき当事者全員で押印をします。製本されたすべての
ページに契印を押印したことと同様の効果が得られますので、文書の
ページ数が多い場合などに便利です。

④　**割印**

　書類の正本と副本を作成するとき、または同じ書類を2通以上作成
して、複数人数でそれぞれ1通ずつ保管しておくような場合は、割印
を用います。割印とは、2通の書類の両方にまたがるように押印する
ことです。割印をすることで、書類が同一のものであるか、または何
らかの関連性があることが明らかになります。また、2通以上の書類
に割印が押されていると、それらが同時に作成されていることも推測
されます。

⑤　**消印**

　書面に収入印紙の添付が必要になる場合に、書面に貼付された印紙
と書面とにまたがって押印することを消印といいます。書面が印紙税
法上の課税文書である場合、当事者は納税のため、書面に所定額の収
入印紙を貼付して、消印をするのが一般的です。

会社の印鑑証明書の取得方法

　会社も法務局に届け出ている印鑑について、印鑑証明書の交付を受
けることができます。印鑑証明書の交付を受けるためには印鑑カード
が必要です。印鑑カードは会社の本店所在地を管轄する法務局で交付
を受けることができます。印鑑カードさえあれば、管轄法務局以外の
法務局でも、印鑑証明書交付申請書に必要事項を記入して印鑑カード
と一緒に提出することで、印鑑証明書の取得が可能です。印鑑証明書
の取得に必要な手数料は1通450円で、収入印紙を交付申請書に貼付
して納付します。なお、印鑑証明書は印鑑カードを持参すれば、代理
人でも取得することが可能です。

第 3 章

合併のしくみと手続き

1 合併について知っておこう

合併のメリット・デメリットをしっかりおさえておく

合併とは

　合併とは、複数の会社がひとつの会社になることです。会社法では、合併を吸収合併と新設合併に大きく分類しています。**吸収合併**は、合併する複数の会社のうちの1社が存続して、他の会社を吸収する方式です。**新設合併**とは、新しい会社を作って、合併する複数の会社が新会社に吸収される方式です。いずれの場合も吸収された会社は消滅します。

　合併では、吸収合併を利用するのがほとんどです。その理由は、新設合併の場合、新会社は改めて登記をしなければならなかったり、許認可が必要な業種では新しく許認可を取り直さなければならなかったりするといったコスト面や事務手続上の煩わしさがあるからです。

　また、よく耳にする言葉で「対等合併」という言葉があります。これは、吸収合併の場合に吸収する会社と吸収される会社の合併比率（株式の価値）が1対1になるようなケースを指します。しかし、これは、法律上の用語ではありません。にもかかわらず対等合併という言葉がなぜあるかといいますと、経営戦略上、対等合併にするほうが経営陣にとって優位な場合が多いからです。

　対等合併とは異なり、業務不振の会社を救済するために行う合併を救済合併といいます。救済合併は、最終的な合意に到達する可能性が高いといわれています。救済される側の会社に合併以外の生き残り策がなく、救済する側に強い主導権があるため、交渉がまとまりやすいからです。反対に、対等合併のほうは、合併条件などの面で折り合いがつかず、合併の合意に至らないケースも多いようです。

吸収合併はどのような場合に行うのか

　合併の方式は吸収合併が使われるのがほとんどです。そこで、本書では、吸収合併を前提に説明します。

　吸収合併が行われるのは、企業が金を払って自社に取り込んででも価値があると思える会社を見つけ、見つけられた側の会社も吸収されることを容認した場合です。具体的には様々なケースがあります。吸収される会社が吸収する会社に対して下請けのような関係にあり、会社を一緒にしたほうが事業をしやすくなる場合、吸収される会社に特殊な技術があり、吸収する会社にとってその技術が事業継続のために不可欠な場合などが考えられるでしょう。

■ 新設合併と吸収合併 ··

①新設合併

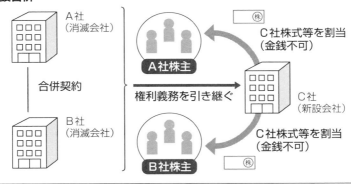

②吸収合併

また、吸収合併するためには、相手がいなければなりません。当たり前のことなのですが、最近の結婚事情と同じようになかなかよい相手は見つかりません。吸収されたいと思っている会社に比べて、吸収したいと思う会社が少ないのです。そこで、よい縁談を見つけるために地元の商工会議所や取引銀行、専門のコンサルティング会社などに相談することも必要になります。

▌合併のメリット

　合併のメリットとして代表的なものを3つ紹介します。

①　事業規模の拡大

　合併により、事業用の資産や人材などを承継することにより事業の規模が大きくなれば、仕入れ・製造コストの削減や会社の信用力の向上が見込めます。また、異なった地域で事業を展開している会社同士が合併すれば、広域展開が可能になり、会社の知名度アップを図ることもできます。

②　事業部門の合理化

　どんな会社であっても、本社機能は1つあればよいわけです。そのため、2つの会社が合併すれば、2つの管理部門を1つにまとめることができ、管理部門にかかる経費を抑えることができます。また、合併する会社が、同じ地域に競合店舗を展開している場合、店舗を削減することで、事業部門を合理化できます。

③　事業の相互補完による競争力の強化

　同じ業界の会社でも、それぞれに得意な商品、サービス、技術は異なります。そのため、合併によって、得意分野を相互活用すれば、顧客に提供できる商品やサービスの幅や質を高めることができます。また、異業種の会社同士でも事業の相互補完は可能です。具体的には、物販会社とクレジット会社の組み合わせでは、商品の販売と購入資金の融資の両方が可能になり、総合的なサービスを提供できます。

デメリットもある

合併のデメリットを2つ紹介します。

① 社風や企業の体質の違いなどによる現場の混乱

企業風土や会社としての考え方があまりにも異なる会社同士が合併すると経営陣や従業員の間に派閥争いが起こり、現場が混乱して、事業遂行に支障が出るおそれがあります。さらに、現場の混乱やストレスが原因で、優秀な人材が他社に転職してしまう可能性もあります。

② 事業規模の拡大がマイナスに働く場合がある

事業規模の拡大により、競争力や信用力が得られるなどのメリットがありますが、組織が大きくなると意思決定が複雑で管理が難しくなり、責任の所在が曖昧になってしまう、といった事態が起こる可能性があります。そのため、合併後の適切な組織の統合や社内ルールに関する計画を立てておく必要があります。

経営者は連帯保証人から外してもらう必要がある

吸収される側の会社経営者が、合併の際に必ず注意する必要があるのが連帯保証人の問題です。吸収された会社は消滅しますが、それに伴って経営者の権利・義務が自動的に消滅するわけではありませんので、消滅した側の会社のためにしていた連帯保証人の義務は消滅しません。したがって、債権者及び吸収する側の会社の経営陣と相談し、連帯保証人から外してもらう必要があります。場合によっては、担保を差し入れるなどの妥協を強いられるかもしれませんが、連帯保証人から外れることができるのであれば、担保を差し入れるべきでしょう。

株式会社と有限会社・持分会社の合併について

株式会社と有限会社（特例有限会社）が吸収合併をする際には、有限会社は消滅会社となることはできますが、存続会社となることはできません。この場合は、有限会社から株式会社への組織変更をする必

要があります。新設合併の際にも、平成18年の会社法施行後は有限会社の新たな設立ができなくなっているため、有限会社が新設会社となることはできません。しかし、株式会社と持分会社（合名会社、合資会社、合同会社）の合併には、そのような制限がありませんので、持分会社と株式会社との間や、異なる持分会社の間において、吸収合併や新設合併を行うことができます。

　なお、会社分割（126ページ）、株式交換（188ページ）、株式移転（197ページ）は、合併とは異なり、利用できる会社の種類に一定の制限があります。たとえば、会社分割の場合に分割会社（事業を渡す側）となることができるのは、株式会社・合同会社・有限会社だけです。

┃ 簡易合併・略式合併・三角合併とは何か

　通常の合併の他に、以下の3つの方法による合併もあります。

①　簡易合併

　簡易合併は、吸収合併に関して、存続会社における株主総会の特別決議を省略できる制度です。簡易合併の要件は、吸収合併の存続会社が合併対価として交付する株式等の額が純資産額の5分の1以下であることです。存続会社について株主総会の特別決議が要るのは、合併対価が過大だと会社の財産が流出して、会社に重大な影響を及ぼすためです。

　しかし、簡易合併では、合併対価が、会社の資産の5分の1以下に抑えられており、会社の財産に重大な影響を及ぼすことは考えにくいため、株主総会決議の省略が認められています。

②　略式合併

　略式合併は、吸収合併の存続会社が、消滅会社の総株主の議決権の9割以上を保有している場合に、消滅会社の株主総会決議を省略できる制度です。簡易合併とは反対に、消滅会社における株主総会の特別決議を省略できる点に特徴があります。決議を省略できる理由は、消滅会社の株主の9割は存続会社であるため、株主総会を開けば特別決

議によって可決できるのが明らかだからです。

③　三角合併

　吸収合併を行う際、存続会社は自社の株式だけでなく、その親会社の株式を合併対価として交付できます。存続会社がその親会社の株式を交付するタイプの合併を三角合併と呼びます。三角合併のメリットは、100％親子関係を維持したまま、子会社が吸収合併を行えることです。たとえば、外国会社を親会社とする100％子会社が、日本国内で他の会社を吸収合併する場合に、このメリットが発揮されます。

　この場合、子会社が自社の株式を合併対価にすると、消滅会社の株主がその子会社の株主になるため、100％親子関係が損なわれます。その点、子会社がその親会社の株式を合併対価として交付すれば、消滅会社の株主は親会社の株主となり、100％親子関係を維持できます。

合併に伴う会計処理

　合併に伴う会計処理には、パーチェス法と持分プーリング法があります。パーチェス法では、消滅する会社の資産や負債の評価を合併時点の価値（時価）を基準にして合併後の会社に引き継ぐ処理を行います。通常、商品などを取得するときはその取得時の時価で取引が行われます。合併においても他社を取得することになるため、そうであればその会社の取得時の時価で評価されるべきという考えに基づきます。一方、持分プーリング法では、消滅する会社の資産や負債の評価は簿価により合併後の会社に引き継ぐ処理を行います。

　持分プーリング法は、資産などに含み損益が生じていてもそのまま簿価で引き継がれ、会社の経済的実態を正確に反映されないなどの問題があることから、現在では原則としてパーチェス法しか認められていません。ただし、親会社と子会社の合併など、支配が共通している者同士の組織再編の場合には、資産や負債を簿価で引き継ぐという持分プーリング法に近い処理を行います。

MBOについて知っておこう

子会社の経営陣や事業部門の責任者などが買収を行う点が特徴

┃ 関係者による買収である点が特徴

　MBOとは、会社の経営陣、会社の事業部門の責任者などが、その会社やその事業部門の経営権などを買収することをいいます。

　MBOの特徴は、会社や事業部門の関係者が買収を行うことです。

　MBOは、買収の主体が誰であるかによって、従業員による買収であるEBO（エンプロイー・バイアウト）、経営陣と従業員による買収であるMEBO（マネジメント・エンプロイー・バイアウト）などに分類されます。

　ここでは、MBOが役立つ場合を2つ紹介しましょう。

　1つ目は、事業部門を切り離して、会社本体を縮小、合理化する場合です。MBOを活用すれば、低コストで迅速に事業部門や子会社を売却できます。MBOは会社の経営陣や事業部門の責任者に対して、会社や事業を売却するためデューデリジェンス（63ページ）が比較的容易だからです。また、MBOであれば、従業員や労働組合の理解も得やすいという利点があります。さらに、MBOを行うと経営権が集中して意思決定が速くなり、経営陣や従業員が、経営者意識を持って業務に取り組むようになり、モチベーションのアップが期待できます。

　2つ目は、後継者不在に悩む中小企業が、従業員に事業を承継する場合です。中小企業の経営者は、見ず知らずの第三者に事業を譲渡することに抵抗をもつことが多い傾向があります。その点、MBOはのれん分けに似たしくみであるため、比較的受け入れやすいといえます。また、MBOであれば、取引先や金融機関との従来の関係を維持できるというメリットがあります。

┃ どんなしくみになっているのか

　ここでは、事業部門を買収するタイプのMBOを中心に、そのしくみを説明します。このタイプのMBOのしくみは、次の①から③のとおりです。

①　事業部門の部門長と従業員は、手持ちの資金などによって新会社を立ち上げます。そして、事業部門の責任者などは、立ち上げた新会社の株主および取締役になります。

②　事業部門の買収資金を得るため、新会社は、新株を発行し、外部投資家からの出資を募ります。さらに、金融機関からも買収資金を借り入れます。MBOの場合は、金融機関はその事業部門のキャッシュフローを担保に融資を行います。

③　新会社は、②で得た資金によって事業部門の事業譲渡を受けます。

　なお、会社を買収するタイプのMBOも、新会社を設立し、新株発行や金融機関からの借入れによって買収資金を調達する点では、事業部門を買収するタイプのMBOと同じです。違いは、新会社が元の会社の株式を取得する、あるいは元の会社を吸収合併する点です。会社を吸収合併するのは、別会社のままにしておくと、その資産を利用して、新会社の債務を返済ができなくなるからです。

■ MBOの手続きの流れ（事業部門を買収するタイプ）…………

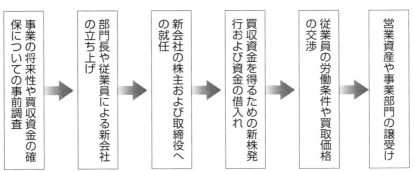

事業の将来性や買収資金の確保についての事前調査　→　部門長や従業員による新会社の立ち上げ　→　新会社の株主および取締役への就任　→　買収資金を得るための新株発行および資金の借入れ　→　従業員の労働条件や買取価格の交渉　→　営業資産や事業部門の譲受け

3 合併手続きの流れをおさえておこう

合併手続きには大きく分けて7つの段階がある

どんな手続きをしなければならないのか

　合併の手続きは、①合併契約、②事前開示、③株主総会、④反対株主の株式買取請求、⑤債権者保護手続き、⑥登記、⑦事後開示、の7つの段階があります。以下、吸収合併を念頭に置いて説明します。

①　合併契約の締結

　吸収合併の場合、存続会社と消滅会社が合併契約を結びます。会社法には、合併契約書に必ず記載しなければいけない事項が定められています。合併契約書にその事項が記載されていないと合併が無効になるので注意してください。

②　合併契約に関する資料の事前開示

　吸収合併の場合、存続会社と消滅会社の各本店に、合併契約に関する資料を備え置く必要があります。合併によって影響を受ける株主や会社債権者が合併に関する情報を入手できるようにするためです。

③　株主総会の決議を行う

　吸収合併の場合、存続会社、消滅会社の両方で、株主総会の特別決議（14ページ）を経る必要があります。ただし、簡易合併は存続会社、略式合併は消滅会社における株主総会の決議を省略できます。

　なお、消滅会社の株主が保有する株式に譲渡制限がないのに、存続会社が交付する株式には譲渡制限がある場合、それまで自由に株式を譲渡できた株主が、株式の譲渡が制限され、大きな不利益を被るため、特別決議よりも厳しい条件が課される特殊決議を経ることが求められており、株主総会の決議の要件が厳しくなっています。

　特殊決議の要件は、議決権を持つ株主の半数以上であって、かつ当

該株主の議決権の３分の２以上が賛成することです。

④　反対株主の株式買取請求

　合併に反対する株主は、会社に対して、「公正な価格」で株式を買い取るように請求できます。ここでいう「公正な価格」とは、合併による企業価値の上昇を見込んだ株式の価格です。逆に企業価値が増加しない場合は、合併がなかったらその株式が有していた価格ということとなります。また、消滅会社の新株予約権者は、合併後の存続会社が従前と同じ条件で新株予約権を与える場合以外は、新株予約権の買取請求が可能です。

⑤　債権者保護手続き

　吸収合併の各当事会社は、債権者に一定の事項を官報で公告し、かつ、知れている債権者（会社が存在を把握している債権者のこと）には個別に催告をしなければなりません。官報で公告する事項は、ⓐ合併する事実、ⓑ合併する相手会社の商号・住所、ⓒ合併する全会社の計算書類等、ⓓ一定期間内に債権者が異議を述べられる旨です。なお、官報公告に加えて、日刊新聞紙による公告または電子公告を行う場合は、個別の催告を省略できる場合もあります。債権者が期間内に異議を述べないと合併を承認したとみなされます。

⑥　登記

　吸収合併を行った場合、存続会社については変更登記を、消滅会社については解散の登記を申請します。

⑦　事後開示

　存続会社は、吸収合併の効力発生後、遅滞なく、事後開示書面を作成し、本店に備え置き、株主と債権者が閲覧できるようにします。備え置く期間は、効力発生日から６か月間です。事後開示書面には、存続会社が吸収合併により承継した消滅会社の権利義務、反対株主の株式買取請求や債権者の異議などの経過、その他吸収合併に関する事項を記載します。

■ 合併の手続きの流れ（吸収合併を想定した場合）………………

① 合併契約書の作成	・存続会社と消滅会社との間の合併契約 ・合併契約書の記載事項に不備がないようにする
② 事前開示	・株主や会社債権者のために合併に関する資料を備え置く ・存続会社と消滅会社の各本店に備え置く
③ 株主総会	・原則として存続会社、消滅会社双方で株主総会の特別決議が必要 ・簡易合併の場合には存続会社の総会決議を省略できる ・略式合併の場合には消滅会社の総会決議を省略できる
④ 反対株主の株式買取請求	・合併に反対する株主は会社に対して公正な価格での株式の買取りを請求できる
⑤ 債権者保護手続き	・債権者に対する公告を行う ・存在を知っている債権者には個別の催告が必要
⑥ 登記	・効力発生日から2週間以内に登記をする ・吸収合併の場合、存続会社については変更登記を、消滅会社については解散の登記を行う
⑦ 事後開示	・吸収合併の効力発生後、遅滞なく、事後開示書面を作成し、本店に備え置き、株主と債権者が閲覧できるようにする ・備え置く期間は、効力発生日から6か月間

4 合併契約はどのように締結するのか

正式な合併交渉に入るか否かは、デューデリジェンスの結果しだいである

秘密保持契約書を締結し、基本合意書を作成する

　合併交渉を行うにあたり、最初にすることは秘密保持契約の締結です。交渉にあたって、重要な営業上、技術上の情報を相互に開示するため、秘密の保持が不可欠だからです。**秘密保持契約（書式1）**は、交渉を通じて知り得た相手企業の情報等を第三者に一切開示しないことを約束する契約です。秘密保持契約には、秘密保持の期間、合意に至らない場合の情報の返還または廃棄、秘密保持義務に違反した場合の違約金などが定められます。秘密保持契約を単独で締結せずに、基本合意書の中に秘密保持に関する条項を設けるケースもあります。

　また、合併交渉の初期の段階では、交渉の基本方針等を定めた基本合意書が締結されるのが一般的です。この基本合意書には、合併の目的・要旨、不動産や金融商品などの調査（デューデリジェンス）、合併後の状況などが定められます。

　基本合意は、お互いに情報が不十分な段階で締結されるため、契約書の中に「法的拘束力がない」ことが明記されることが多いようです。しかし、秘密保持や独占交渉権などを設定する場合には、部分的に法的拘束力を持たせる条項を明記することもあります。法的拘束力がないからと言って、基本合意に自社に不利な条項を盛り込むことや、基本合意の内容を無視するのはリスクがあります。

相手企業の実態を把握する調査をする

　合併後に相手企業の簿外債務が発覚するなどのリスクを防止するために、合併の相手企業の実態を把握する調査が不可欠です。この調査

がデューデリジェンスです。デューデリジェンスでは、会計や財務に関する調査に加え、法務、ビジネス全般の観点から調査が行われます。近年はITシステムについてのシステム監査が重視されています。

　法務関係の主な調査対象は、契約関係、知的財産関係、紛争関係、不動産関係、資本関係、人事・労務関係などです。

　契約関係は、金銭消費貸借契約、販売契約などの各種契約書の内容を調査します。知的財産関係は、相手企業が保有する特許、商標、著作権などを調査します。紛争関係は、相手企業が抱えている訴訟、調停などの紛争が調査対象です。不動産関係は、不動産の権利関係（所有、賃貸、担保権の設定）などを調査します。資本関係は、子会社やグループ会社、ストックオプションなどを確認します。人事・労務関係は、労働契約、就業規則などを調査します。

　その他、ITシステムについて、セキュリティ体制や新システムを導入すべきかなどの調査をします。

┃ 正式な交渉をする

　正式な合併交渉を進めるか否かは、調査の結果、何らかの問題が見つかったか、その問題を解決できる可能性があるかで決まります。

　調査の結果、大きな問題が見つからなかった場合や、問題があるものの解決可能な場合は、正式な合併交渉を進めます。ただし、何らかの問題の存在を知りながら合併交渉を進める場合に注意すべきことがあります。それは調査の範囲、方法、程度を書面に残すことです。この作業を怠ると、後で合併について何か問題が起こった時に、取締役の善管注意義務違反を問われる可能性があるからです。

　逆に、調査の結果、大きな問題が発覚し、その問題が解決不可能であると判断した場合には、合併交渉はそこで打ち切るべきでしょう。たとえば、相手企業のライセンスに注目して合併交渉を開始したところ、そのライセンスの継続が見込めないような場合です。

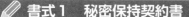

書式1　秘密保持契約書

秘密保持契約書

　株式会社○○（以下「甲」という）と株式会社××（以下「乙」という）とは、以下の通り秘密保持契約（以下「本契約」という）を締結するものとする。

第1条（**目的**）　本契約は、甲及び乙が令和○年○月○日付基本契約にもとづくM＆Aを行い、相互に発展を遂げることを目的とする。

第2条（**定義**）　本契約において秘密情報とは、甲が乙に書面や口頭、電子メール、電子データその他方法を問わず開示した技術上または営業上の情報であり、開示の際に秘密情報であると表明した一切の情報とする。ただし、次の各号に定めるものは除くものとする。

① 　乙が基本契約の締結前よりすでに保有していた情報

② 　乙が秘密保持義務を負うことなく第三者から適法かつ正当に入手した情報

③ 　甲が公表することを承諾した情報

④ 　すでに公知となっている情報

第3条（**秘密保持義務**）　乙は、前条に規定する秘密情報を保持しなければならない。ただし、乙が法令上の義務にもとづき裁判所や官公庁その他の公的機関に秘密情報を開示する場合は除く。

2 　乙は本契約の目的を遂行するため、秘密情報を開示する必要がある場合には、事前に、甲の書面による承認を得なければならない。この場合、乙は、甲に対し、書面により承認を求める通知をしなければならない。

第4条（複製）　乙は、事前に書面による甲の承諾なしに秘密情報を複製又は複写してはならない。

第5条（目的外使用の禁止）　乙は甲の秘密情報を本契約の目的を達成することにのみ使用することができ、それ以外の目的のために使用してはならない。

第6条（秘密情報の取扱い）　乙は、契約の目的を遂行するために必要な範囲内で、乙の役員や従業員（弁護士、会計士その他の専門家を含む）によってのみ、秘密情報を取り扱うことができるものとする。

第7条（秘密情報の取扱いの再委託）　乙は、次項に該当する場合を除き、秘密情報の取扱いを、第三者に再委託してはならない。

2　乙は、契約の目的を遂行するため、秘密情報の取扱いを再委託する必要がある場合は、事前に、甲の承認を得なければならない。この場合、乙は、甲に対し、甲が要求する事項を記載して書面により通知しなければならない。

第8条（責任分担）　乙の故意又は過失を問わず、秘密情報の漏えいなどの事故が発生した場合には、乙は、甲に対し、速やかに当該事故の事実を報告し、適切な措置を講じなければならない。

2　前項の事故を原因として、秘密情報の主体等から甲が損害賠償責任等の追及を受けた場合には、乙が、これを負担するものとする。

第9条（期間）　本契約の有効期間は、令和○年○月○日から令和○○年○月○日までとする。

第10条（秘密情報の返還または廃棄）　乙は、本契約が終了した場合は、甲から提供を受けた秘密情報及びその複製物並びに複写物のすべてを甲に返還し、又は、廃棄するものとする。

第11条（合意管轄）　本契約に関して、甲乙間に生じる一切の紛

争は○○地方裁判所を第一審の専属的合意管轄裁判所とする。

　本契約の成立を証するため、本書２通を作成し、甲乙署名又は記名押印の上、各１通を保管するものとする。

令和○年○月○日

（甲）東京都○○区××○丁目○番○号

株式会社○○

代表取締役　　○○○○　　㊞

（乙）東京都△△区××○丁目○番○号

株式会社××

代表取締役　　○○○○　　㊞

5 吸収合併の契約書について 知っておこう

会社法に定められた記載事項を漏らすと、合併が無効になるので注意

▌どんなことに気をつけて作成するとよいのか

　会社法には、**合併契約書（書式2）に必ず記載しなければならない**事項が定められています。したがって、契約書を作成する際は、この事項を漏らさないように注意する必要があります。たとえば、株式会社間で吸収合併を行う場合は、以下の事項を合併契約書に必ず記載しなくてはなりません。略式合併を行う場合や簡易合併を行う場合も必要な事項を**合併契約書（書式5、6）**に記載しなければなりません。

① **存続会社と消滅会社の商号と住所**

　これは合併当事者を特定するために必須の事項です。

② **存続会社が消滅会社の株主に交付する対価に関する事項**

　たとえば、吸収合併に際して、消滅会社の株主に対し存続会社の株式を交付する場合は、交付する株式数またはその算定方法、存続会社の資本金・準備金の額、株式の割当に関する事項を記載します。

③ **存続会社が消滅会社の新株予約権者に対して、その新株予約権に代わって交付する存続会社の新株予約権や金銭に関する事項**

　たとえば、消滅会社がストックオプション（新株予約権）を発行しており、存続会社が消滅会社の新株予約権者に対し自社の新株予約権を代わりに付与する場合は、新株予約権の内容、数、金額またはその算定方法に加え、新株予約権の割当に関する事項を記載します。

④ **合併の効力発生日**

　吸収合併については、当事会社が合意によって定めた効力発生日に合併の効力が発生します。新設合併とは異なり、登記の日に効力が発生するのではない点に注意してください。

なお、実務上は、会社法で定められた記載事項以外の様々な事項が合併契約書には記載されています。たとえば、合併の効力発生までの善管注意義務に関する事項、従業員の雇用継続に関する事項、契約解除に関する事項などが定められています。合併契約書は、締結するために取締役会決議（非設置の場合は、取締役の過半数の一致）（**書式3**）、承認するために株主総会決議（**書式4**）を経ることが必要です。

▌合併契約記載事項が記載されていないとどうなるのか

　会社法に定められた合併契約書の記載事項に不備があると、合併は無効になります。ただし、合併の無効は、合併無効の訴えによってのみ主張できます。裁判所が言い渡した合併無効の判決が確定すると、判決は裁判の当事者になっていない第三者に対しても効力を生じます。また、合併を無効とする判決が確定した場合でも、過去にさかのぼって合併が無効になることはありません。したがって、合併後に行った取引等は有効なものとして扱われるのが原則です。

▌独占禁止法との関係にも注意する

　独占禁止法では、一定規模以上の会社同士が合併する場合、公正取引委員会への届出が必要とされています。具体的には、合併の当事会社の中に、国内売上高合計額が200億円を超える会社と国内売上高合計額が50億円を超える会社が含まれる場合に届出が求められます。

　届出が受理されてから、30日間は合併が禁止されます。これに違反すると、公正取引委員会の訴えにより合併が無効と取り扱われることもありますので、合併のスケジュールには十分に注意してください。

　また、届出を受けた公正取引委員会は、合併が一定の取引分野の競争を実質的に制限する場合などには、合併を禁止することがあります。

合併契約書

　○○株式会社（東京都○○区○○一丁目1番1号、以下「甲」という）と△△株式会社（東京都○○区○○二丁目2番2号、以下「乙」という）は、両会社の合併に関して、次のとおり合併契約（以下「本契約」という）を締結する。

第1条（吸収合併）　甲は乙を合併して存続し、乙は解散するものとする。

第2条（定款の変更）　甲は、本合併によりその定款を次のとおり変更する。

第3条（新株の割当）　甲は、本合併に際して普通株式○株を発行し、効力発生日（本合併が効力を発生する日をいう。以下同じ）の前日の最終の乙の株主名簿に記載された株主に対して、その所有する乙の株式○株につき甲の株式○株の割合をもって割り当てるものとする。

第4条（資本金及び準備金の額）　甲の合併後の資本金、資本準備金の額は、次のとおりとする。ただし、効力発生日における乙の資産および負債の状態により、甲乙協議の上、これを変更することができる。

　1．資　本　金　　金○円（増加する資本金の額　金○円）
　2．資本準備金　　金○円（増加する資本準備金の額　金○円）

第5条（効力発生日）　本合併が効力を発生する日を令和○年○月○日とする。ただし、その日までに合併に必要な手続きを行うことができないときは、甲乙協議の上、効力発生日を変更することができるものとする。

第6条（株主総会の承認）　甲及び乙は、令和○年○月○日までに

株主総会を開催し、本契約の承認及び必要な事項の決議を行う。

第7条（引き継ぎ）　乙は、その作成による令和○年○月○日現在の貸借対照表および財産目録を基礎とし、効力発生日において、その資産、負債その他の権利義務一切を甲に引き継ぐものとする。

2　乙は、令和○年○月○日から効力発生日までの間の資産および負債の変動につき、別に計算書を作成し、その内容を明確にするものとする。

第8条（善管注意義務）　甲及び乙は、本契約の締結日から効力発生日に至るまで、善良なる管理者の注意をもって業務の運営および財産の管理を行うものとし、その財産および権利義務に重大な影響を及ぼす行為については、あらかじめ甲乙協議の上、これを行うものとする。

第9条（従業員）　甲は、効力発生日現在の乙の従業員を、甲の従業員として引き継ぐものとする。

2　乙の従業員の退職金計算にまつわる勤続年数については、乙における勤続年数を通算し、その他の事項については甲乙協議の上決定するものとする。

第10条（合併条件の変更等）　本契約の締結日から効力発生日に至るまでの間において、天災地変その他の事情により、甲及び乙の財産または経営状態に重要な変動を生じたときは、甲乙協議の上、合併条件を変更し、または本契約を解除することができるものとする。

第11条（規定外条項）　本契約に定める事項の他、合併に関して協議すべき事項が生じた場合は、甲乙協議の上、これを決定するものとする。

第12条（合意管轄）　本契約に関する紛争については、○○地方

裁判所を第一審の専属的合意管轄裁判所とするものとする。

　本契約の成立を証するため、本契約書２通を作成し、甲及び乙は各１通を保有するものとする。

令和〇年〇月〇日

　　　　　　　　甲（存続会社）　東京都〇〇区〇〇一丁目１番１号
　　　　　　　　　　　　　　　　〇〇株式会社
　　　　　　　　　　　　　　　　　代表取締役　　〇〇〇〇　　㊞

　　　　　　　　乙（消滅会社）　東京都〇〇区〇〇二丁目２番２号
　　　　　　　　　　　　　　　　△△株式会社
　　　　　　　　　　　　　　　　　代表取締役　　△△△△　　㊞

書式3　合併契約を締結するための取締役会議案例（存続会社）

第○号議案　△△株式会社との合併契約締結の件

　議長は、当社を存続会社とし、△△株式会社を消滅会社とする吸収合併を行うため、別紙のとおり合併契約を締結したい旨を述べ、合併契約書についてその詳細を説明した。

　慎重に審議した後、議長がその賛否を議場に諮ったところ、出席取締役は全員一致をもってこれを承認可決した。

書式4　合併契約を承認する株主総会議案例（消滅会社）

第○号議案　○○株式会社との合併契約書承認の件

　議長は、当社と○○株式会社の吸収合併につき、令和○年○月○日付で両会社の代表者間において締結した合併契約書を総会に提出し、当社は令和○年○月○日を効力発生日として、○○株式会社に吸収合併され消滅する旨および吸収合併する理由を詳細に説明した。

　ついで、議長は、議場に本合併契約書の承認を求めたところ、出席株主の3分の2以上の賛成を得て本議案は承認可決された。

合併契約書

　甲と乙は、次のとおり合併契約（以下「本契約」）を締結する。

第1条（吸収合併）　甲は乙を合併して存続し、乙は甲に合併されて解散する。

第2条（定款の変更）　甲は、本合併によりその定款を次のとおり変更する。

　定款第○条を、「第○条　当会社は、○○○○株式会社と称する。」と改める。

第3条（無対価合併）　甲は、乙の発行済株式の全部を保有しているため、合併に際して、甲の株式の発行・割当や、金銭等の交付はしない。

第4条（合併後の資本金及び資本準備金等の額）　本合併は無対価合併であり、甲は本合併に際し資本金等を増加しない。

第5条（効力発生日）　本契約の効力発生日は令和○年○月○日とする。

2　甲及び乙は、本合併の手続進行上必要があるときは、前項の効力発生日（以下「効力発生日」という）を変更することができる。

3　甲は、効力発生日に、乙の資産、負債及び権利義務のすべてを乙から引き継ぐ。引き継ぎにあたっては、令和○年○月○日現在の貸借対照表、財産目録その他同日の計算を基礎として、同日以降効力発生日までにおける収入支出を加減する。

4　乙は、令和○年○月○日から効力発生日までの間の資産、負債及び権利義務の変動につき計算書を作成し、甲に引き継ぐ。

第6条（株主総会の承認）　甲は、効力発生日の前日までに株主

総会を開催して、本契約の承認を求めることとする。

第7条（会社財産の管理等についての善管注意義務） 甲及び乙は、本契約締結日から効力発生日までの間、善良な管理者の注意をもって業務を執行するとともに、財産の管理を行う。

2　甲及び乙は、それぞれの財産及び権利義務について重大な影響を及ぼす行為を行うにあたっては、事前に協議の上、これを行う。

第8条（剰余金の配当） 甲及び乙は、次のとおり剰余金の配当を行う。

　①　配当の対象者　令和○年○月○日の最終の株主名簿に記載された甲及び乙の株主又は登録質権者

　②　甲の配当限度額　1株あたり金○○円、総額○○円

　③　乙の配当限度額　1株あたり金○○円、総額○○円

第9条（従業員の処遇） 甲は、効力発生日における乙の全従業員を引き継ぐ。

2　従業員の処遇は、別に甲乙間で協議を行い、これを定める。

第10条（役員の退職慰労金） 乙の取締役又は監査役のうち、合併後に甲の取締役又は監査役に就任しない者に対しては退職慰労金を支出する。

2　前項の退職慰労金の額については、乙は令和○○年○月○日開催の株主総会で承認を得るものとする。

第11条（契約の変更及び解除） 本契約締結日から効力発生日までの間、次の事由が発生したときは、甲と乙は協議の上、本契約の条件を変更し、又は本契約を解除することができる。

　①　天災地変その他の事情により、甲又は乙の財産に重要な変動が生じたとき

　②　本契約の継続が不可能又は著しく困難とする事由が発生し

たとき

第12条（協議事項） 次の事由が生じたときは、甲及び乙は、誠意をもって協議し解決を図るものとする。

① 本契約に定めのない事態が発生したとき

② 本契約の解釈について、甲乙間で疑義が生じたとき

第13条（裁判管轄） 本契約に関する訴訟については、○○地方裁判所を第一審の専属的合意管轄裁判所とする。

　本契約の内容及び成立を証明するため、本書を2通作成し、甲乙各1通を保有する。

令和○年○月○日

　　　　　（甲）　○○県○○市○○町○○丁目○○番○○号

　　　　　　　　　○○○○株式会社（合併存続会社）

　　　　　　　　　　代表取締役　　○○○○　　㊞

　　　　　（乙）　○○県○○市○○町○○丁目○○番○○号

　　　　　　　　　○○○○株式会社（合併消滅会社）

　　　　　　　　　　代表取締役　　○○○○　　㊞

書式6　合併契約書（簡易合併）

合併契約書

　甲と乙は、次のとおり合併契約（以下「本契約」）を締結する。

第1条（吸収合併）　甲は乙を合併して存続し、乙は甲に合併されて解散する。

第2条（効力発生日）　本契約の効力発生日は令和○年○月○日とする。

第3条（効力発生日の変更）　甲及び乙は、合併の手続進行上必要があるときは、前条に定める効力発生日（以下「効力発生日」という）を変更することができる。

第4条（合併に際しての株式の発行及び割当）　甲は、合併に際して普通株式○○○○株を発行する。

2　甲は、乙の株主に対して、次のとおり前項の株式を割り当てる。

　①　対象となる乙の株主　効力発生日の前日最終の乙の株主名簿に記載された株主

　②　交換比率　乙株1株につき甲株0.6株

第5条（合併後の資本金及び資本準備金等の額）　合併後の甲の資本金及び資本準備金等の額は、次のとおりである。

　①　資本金　金○○○○万円

　②　資本準備金　金○○○○万円

　③　利益準備金　金○○○○万円

　④　○○積立金その他の留保利益の額　金○○○○万円

第6条（合併交付金）　甲は、乙の株主に対して、次のとおり合併交付金を支払う。

　①　交付金の額　乙の株式1株につき金○○円

② 交付金の支払時期　効力発生日後3か月以内

③ 対象となる乙の株主　効力発生日の前日最終の乙の株主名簿に記載された株主

第7条（財産の引き継ぎ）　甲は、効力発生日に、乙の資産、負債及び権利義務のすべてを乙から引き継ぐ。引き継ぎにあたっては、令和○年○月○日現在の貸借対照表、財産目録その他同日の計算を基礎とし、同日以降効力発生日までの収入支出を加減する。

2　乙は、令和○年○月○日から効力発生日までの間の資産、負債及び権利義務の変動につき計算書を作成し、甲に引き継ぐ。

第8条（株主総会の承認）　乙は、効力発生日の前日までに株主総会を開催して、本契約の承認を求めることとする。

第9条（会社財産の管理等についての善管注意義務）　甲及び乙は、本契約締結日から効力発生日までの間、善良な管理者の注意をもって業務を執行するとともに、財産の管理を行う。

2　甲及び乙は、それぞれの財産及び権利義務について重大な影響を及ぼす行為については、事前に協議の上、これを行う。

第10条（剰余金の配当）　甲及び乙は、次のとおり剰余金の配当を行う。

① 配当の対象者　令和○年○月○日の最終の株主名簿に記載された甲及び乙の株主又は登録質権者

② 甲の配当限度額　1株あたり金○○円、総額○○円

③ 乙の配当限度額　1株あたり金○○円、総額○○円

第11条（従業員）　甲は、効力発生日における乙の全従業員を引き継ぐ。従業員の処遇は、甲乙間で協議を行い、これを定める。

第12条（役員の退職慰労金）　乙の取締役又は監査役のうち、合併後に甲の取締役又は監査役に就任しない者に対する退職慰労

金は、乙が令和○年○月○日開催する株主総会で承認を得て支給する。

第13条（契約の変更及び解除） 本契約締結日からら効力発生日までの間、次の事由が発生したときは、甲と乙は協議の上、本契約の条件を変更し、又は本契約を解除することができる。

① 天災地変その他の事情により、甲又は乙の財産に重要な変動が生じたとき

② 本契約の継続が不可能又は著しく困難とする事由が発生したとき

第14条（協議事項） 本契約に定めのない事態が発生したとき、又は本契約の解釈につき甲乙間で疑義が生じたときは、甲及び乙は誠意をもって協議し解決を図るものとする。

第15条（裁判管轄） 本契約に関する訴訟については、○○地方裁判所を第一審の専属的合意管轄裁判所とする。

　本契約の内容及び成立を証明するため、本書を2通作成し、甲乙各1通を保有する。

令和○年○月○日

　　　　　（甲）　○○県○○市○○町○○丁目○○番○○号
　　　　　　　　　○○○○株式会社（合併存続会社）
　　　　　　　　　　　代表取締役　○○○○　㊞
　　　　　（乙）　○○県○○市○○町○○丁目○○番○○号
　　　　　　　　　○○○○株式会社（合併消滅会社）
　　　　　　　　　　　代表取締役　○○○○　㊞

合併の登記について知っておこう

存続会社と消滅会社の両方の手続きが必要になる

▌どのようなことをするのか

合併登記の手続きには、5つの特徴があります。

① 存続会社（または設立会社）と消滅会社についての2つの登記を申請することです。具体的には、吸収合併では、存続会社についての変更登記と消滅会社についての解散登記の2つの登記を申請します。

② 存続会社（または設立会社）についての登記と消滅会社についての登記を同時に（セットにして）申請することです。

③ 消滅会社についての解散登記の申請は、存続会社の本店所在地を管轄する登記所を経由して行うことです。商業登記は、会社の本店所在地を管轄する登記所に対して手続きを行うが原則です。もし、存続会社（または設立会社）の本店所在地の登記所の管轄区域内に消滅会社の本店がなければ、2か所の登記所に対して手続きを行うことになります。しかし、合併の登記では、存続会社（または設立会社）の本店所在地の登記所を経由して、消滅会社についての解散登記の申請することになっています。

④ 消滅会社に関する登記の申請を、存続会社（または設立会社）の代表者が代わりに行うことです。

⑤ 消滅会社の解散登記については、添付書類が不要であることです。

▌吸収合併の登記の手続きについて

吸収合併を行った場合は、**存続会社についての変更登記**と**消滅会社についての解散登記**の2つの登記を申請します。存続会社の代表者が、存続会社の変更登記の申請だけでなく消滅会社の解散登記の申請も行

います。登記の申請書は、変更登記と解散登記の申請書をセットにして、存続会社の本店所在地を管轄する登記所に提出します。

　吸収合併において、存続会社の本店所在地を管轄する登記所の管轄区域内に消滅会社の本店がない場合には、次のような処理がなされます。

①　存続会社の本店所在地を管轄する登記所は、吸収合併による変更登記と解散登記の申請を審査します。

②　①の申請に却下になるような事情がなければ、存続会社の本店所在地を管轄する登記所は吸収合併による変更登記を行います。

③　②の登記後、存続会社の本店所在地を管轄する登記所は、解散登記の申請書を消滅会社の本店の所在地を管轄する登記所に送ります。

④　消滅会社の本店所在地を管轄する登記所は、送付された申請書に基づいて解散登記を行い、登記記録を閉鎖します。

　なお、吸収合併による解散登記の申請書に記載する申請先は、消滅会社の本店所在地を管轄する登記所ですので注意しましょう。

▎吸収合併による変更登記

　ここでは、吸収合併による変更登記の申請書に記載する「登記の事由」「登記すべき事項」「課税標準金額」「登録免許税額」や添付書類を説明します。存続会社と消滅会社はともに株式会社であると仮定します。

・申請書（書式7）作成の際の注意点

　登記の事由は、「吸収合併による変更」と記載します。また、合併に際して、会社名の変更や役員の交代などがあった場合は、「商号変更」や「役員変更」と記載します。

　登記すべき事項（書式8）は、合併した旨及び合併年月日、消滅会社の商号及び本店を記載します。たとえば「令和○年○月○日○県○市○町○丁目○番○号株式会社○○○○を合併」などと記載します。さらに合併後の発行可能株式総数、合併後の発行済株式の総数、合併後の資本金の額を記載する場合もあります。

課税標準金額は、合併によって増加した資本金の額を記載します。

登録免許税は、増加した資本金の額が合併当時の消滅会社の資本金の額よりも少ない場合は、増加した資本金の額に1,000分の1.5を掛けた額が登録免許税額です。一方、合併によって増加した資本金の額が消滅会社の資本金の額を超える場合は、超えた部分の税率が1,000分の7となります。ただし、以上の方法によって計算した額が3万円に満たない場合は、3万円を登録免許税額とします。また、合併に際して、役員の変更や商号変更を行った場合には、それに対応する額の登録免許税が加算されます。

▍吸収合併による変更登記の添付書類

吸収合併による変更登記には、主に以下の書類を添付します。

① **吸収合併契約書（書式2）（書式5）（書式6）**

存続会社と消滅会社が締結した合併契約書を添付します。

② **株主総会議事録（書式4）**

原則として、存続会社及び消滅会社の株主総会で合併を承認する特別決議等がなされたことを証明するために添付します。ただし、簡易・略式手続ができ株主総会決議が不要になるときは添付する必要はありません。その代わりに簡易合併もしくは略式合併の要件を満たすことを証する書面を添付する必要があります。

③ **株主の氏名又は名称、住所及び議決権数等を証する書面（株主リスト）（書式9）**

株主総会議事録の真実性を担保するために添付します。

④ **債権者保護手続きを行ったことを証する書面**

存続会社と消滅会社の双方で債権者保護手続きが原則必要ですので添付が必要です。具体的には、公告をしたことを証する書面（91ページ**参考書式**参照）や催告をしたことを証する書面（**書式10 消滅会社について**）（**書式11 存続会社について**）などです。また、異議を述べ

た債権者に対して弁済等をした場合は弁済等を証する書面（**書式12**）なども添付書面となります。原則として官報により公告をし、かつ、知れたる債権者（会社が存在を把握している債権者のこと）には格別の催告をしなければなりませんので、公告をしたことを証する書面と催告をしたことを証する書面を添付する必要があります。しかし、公告を官報で行い、その上定款の定めに従い日刊新聞紙（時事に関する事項を掲載するもの）または電子公告により公告をした場合は個別の催告は省略できるので催告を証する書面の添付は不要です。

　公告や催告をした結果、異議を述べた債権者がおり、その者に弁済や担保を提供した場合はそれを証する書面を添付します。異議を述べた債権者がいても、その債権者を害さない場合は害するおそれがないことを証する書面を添付します。逆に異議を述べた債権者がいなかった場合は申請書に「異議を述べた債権者はいない」と記載するか、異議を述べた債権者がいなかった旨の上申書を添付します。

⑤　**資本金の額の計上に関する証明書、登録免許税法施行規則第12条第5項の規定に関する証明書**

　合併によって存続会社の資本金の額が増加する場合に添付します。

⑥　**消滅会社の登記事項証明書（作成後3か月以内のもの）**

　消滅会社の本店が、申請する法務局と同一の管轄の場合は不要です。同一でない場合でも、会社法人等番号を記載することで添付を省略することができます。

⑦　**株券提供公告を行ったことを証する書面**

　消滅会社が株券発行会社の場合、合併の効力発生日の1か月前まで会社に株券の提出をするように促す公告を行わなければなりません。ただし、株式の全部について株券を発行していない場合、株券提出公告は不要です。

⑧　**新株予約権証券の提出公告を行ったことを証する書面**

　消滅会社が新株予約権を発行している場合は、合併の効力発生日の

1か月前までに、新株予約権提出公告を行わなければなりません。ただし新株予約権の全部について証券を発行していない場合は、そのことを証する書面（新株予約権原簿）を添付します。

吸収合併による解散登記

　ここでは吸収合併による解散登記の申請書に記載する「登記の事由」「登記すべき事項」「登録免許税額」や添付書類を説明します。

・申請書（書式13）作成の際の注意点

　登記の事由は、「合併による解散」と記載します。

　登記すべき事項は、合併により解散した旨及び合併年月日、存続会社の商号及び本店を記載します。たとえば、「令和○年○月○日○県○市○町○丁目○番○号株式会社○○○○に合併し解散」と記載します。

　吸収合併による解散の登記の登録免許税は1件につき3万円です。

・添付書類

　添付書類は不要です。同時に（セットにして）申請する存続会社についての変更登記の申請書（添付書類）で必要事項を確認できるからです。

新設合併の登記手続きについて

　新設合併については、設立会社についての設立登記と消滅会社についての解散登記の2つの登記を申請します。設立会社の代表者が、新設会社の設立登記の申請だけでなく、消滅会社の解散登記の申請を行います。登記の申請書は、設立登記と解散登記の申請書をセットにして、設立会社の本店所在地を管轄する登記所に提出します。

　新設合併において、設立会社の本店所在地の登記所の管轄区域内に消滅会社の本店がない場合の処理は、吸収合併の場合と同じです。

新設合併による設立の登記

　ここでは新設合併による設立登記の申請書に記載する「登記の事由」

「登記すべき事項」「課税標準金額」「登録免許税」や添付書類を説明します。新設会社と消滅会社がともに株式会社であるケースを想定します。

・申請書（書式14）作成の際の注意点

　登記の事由は、「令和〇年〇月〇日新設合併の手続終了」と記載します。登記すべき事項（書式15）のうち登記記録に関する事項には、合併した消滅会社の商号及び本店などを記載します。さらに登記すべき事項には、通常の設立登記と同様の事項も記載します。記載事項が多いこともあり、実務上は、申請書の登記すべき事項の欄には「別紙のとおり」「別添CD-Rのとおり」と記載し、オンライン申請やCD-Rなどに登記すべき事項を記載または記録して提出することが多いようです。

　課税標準金額は、設立する会社の資本金の額を記載します。

　登録免許税額は、設立会社の資本金の額に1,000分の1.5を掛けた額です。ただし新設会社の資本金の額が合併当時の消滅会社の資本金の額を超える場合は、超える部分について税率が1,000分の7になります。ただし、算出した額が3万円に満たないときは、登録免許税額は3万円になります。

・添付書類

　申請の際には、主に以下の添付書類を提出します。

① 　新設合併契約書

② 　設立会社の定款

③ 　消滅会社の株主総会議事録

　原則として株主総会の特別決議（書式4）によって合併が承認されたことを証明する株主総会議事録を添付します。

④ 　株主の氏名または名称、住所及び議決権数等を証する書面（株主リスト）（書式9）

　株主総会議事録の真実性を担保するために添付します。

⑤ 　設立時役員の選任に関する書面

　設立時取締役、監査役、代表取締役などを選任・選定したことを証

する書面、就任承諾書を添付します。

⑥ **本人確認証明書**

設立時取締役などの住民票や免許書の写しなどを添付します。

⑦ **消滅会社が債権者保護手続きを行ったことを証する書面**

吸収合併（82ページ④参照）とほぼ同様です。

⑧ **資本金の額の計上に関する証明書、登録免許税法施行規則第12条第3項の規定に関する証明書**

計上する資本金の額が法律上適法であることを証明するために添付します。

⑨ **消滅会社の登記事項証明書（作成後3か月以内のもの）**

吸収合併と同様に会社法人等番号を記載することで添付を省略することができます。また、消滅会社の本店が、申請する法務局と同一の管轄の場合も不要です。

⑩ **株券・新株予約権証券の提供公告を行ったことを証する書面**

消滅会社が株券や新株予約権を発行している場合に必要です。株券・新株予約権の全部を発行していない場合は、そのことを証する書面を添付します。

▌新設合併による解散の登記

新設合併による解散登記の申請書に記載する「登記の事由」「登記すべき事項」「登録免許税額」や添付書類について見ていきましょう。

登記の事由は、「合併による解散」と記載します。

登記すべき事項は、解散した旨及び解散事由を記載しますが、解散の日付を記載しない点が特徴です。たとえば「○県○市○町○丁目○番○号 株式会社○○○○と合併して○県○市○町○丁目○番○号株式会社○○○○を設立し解散」と記載します。

登録免許税額は、消滅会社1社につき3万円の登録免許税が必要です。

なお、新設合併による解散の登記については、添付書類は不要です。

書式7　登記申請書（吸収合併存続会社）

株式会社合併による変更登記申請書

1．会社法人等番号　　○○○○－○○－○○○○○○

1．商　　　　　号　　ABC商事株式会社
（フリガナ　エービーシーショウジ）

1．本　　　　　店　　東京都千代田区飯田橋一丁目1番1号

1．登 記 の 事 由　　吸収合併による変更

1．登記すべき事項　　別添CD-Rのとおり

1．課税標準金額　　　金3000万円

　　　　　　　　　　　ただし、内金1000万円は消滅会社の合
　　　　　　　　　　　併直前の資本金の額として財務省令で定め
　　　　　　　　　　　るものを超過する部分である。

1．登録免許税額　　　金10万円

1．添 付 書 類

　　吸収合併契約書　　　　　　　　　　　　　　　　　1通

　　株主総会議事録　　　　　　　　　　　　　　　　　2通

　　株主の氏名又は名称、住所及び議決権数等を証する書面

　　（株主リスト）　　　　　　　　　　　　　　　　　2通

　　公告及び催告をしたことを証する書面　　　　　　　4通

　　　異議を述べた債権者はいない。

　　消滅会社の登記事項証明書　　　　　　　　　　　　1通

　　株券提供公告をしたことを証する書面　　　　　　　1通

　　資本金の額の計上に関する証明書　　　　　　　　　1通

　　登録免許税法施行規則第12条5項の規定に関する

　　証明書　　　　　　　　　　　　　　　　　　　　　1通

　　委任状　　　　　　　　　　　　　　　　　　　　　1通

上記のとおり、登記の申請をします。

令和3年8月30日

　　　　東京都千代田区飯田橋一丁目1番1号

　　　　申請人　　　ABC商事株式会社

　　　　東京都中野区中野一丁目1番1号

　　　　代表取締役　　　甲野　太郎

　　　　東京都新宿区高田馬場一丁目1番1号

　　　　上記代理人　司法書士　戊野　五郎　㊞

　　　　連絡先の電話番号　０３－○○○○－○○○○

東京法務局　御中

> 登記申請を司法書士に委任している場合、申請人である会社の印鑑は不要。

「発行済株式の総数」１７００株
「原因年月日」令和３年８月２４日変更
「資本金の額」金９０００万円
「原因年月日」令和３年８月２４日変更
「登記記録に関する事項」
　令和３年８月２４日東京都新宿区四谷一丁目１番１号XYZ株
式会社を合併

書式9　株主リスト

証　明　書

　令和○年○月○日付け定時（臨時）株主総会の各議案につき、総議決権数（各議案につき、議決権を行使することができる全ての株主の有する議決権の数の合計をいう。以下同じ。）に対する株主の有する議決権（各議案につき議決権を行使できるものに限る。以下同じ。）の数の割合が高いことにおいて上位となる株主であって、次の①と②の人数のうち少ない方の人数の株主の氏名又は名称及び住所、当該株主のそれぞれが有する株式の数（種類株主総会の決議を要する場合にあっては、その種類の株式の数）及び議決権の数並びに当該株主のそれぞれが有する議決権の数に係る当該割合は、次のとおりであることを証明する。

　なお、各議案につき、総議決権数に対する株主の有する議決権に変更はない。

① 　１０名
② 　その有する議決権の数の割合をその割合の多い順に順次加算し、その加算した割合が３分の２に達するまでの人数

	氏名又は名称	住所	株式数(株)	議決権数	議決権数の割合
1	○○○○	東京都新宿区 ××一丁目1番2号	100	100	50.0%
2	××××	大阪市中央区 ××二丁目2番3号	60	60	30.0%
		合計	160		80.0%
		総議決権数	200		

令和○年○月○日

東京都千代田区飯田橋一丁目1番1号
ＡＢＣ商事株式会社

代表取締役　　　甲野　太郎

参考　公告をしたことを証する書面

合併公告

　ＡＢＣ商事株式会社（甲）とＸＹＺ商事株式会社（乙）は合併により、甲は権利義務全部を承継して存続し乙は解散することにいたしました。

　両社の株主総会の承認決議は令和○年○月○日に終了しており、効力発生日は令和○年○月○日です。

　この分割に対し異議のある債権者は、本公告掲載の翌日から１か月以内にお申し出ください。

　なお、最終貸借対照表の開示状況は次のとおりです。

（甲）掲載紙　官報
　　　　掲載の日付　令和○年○月○日
　　　　掲載頁　○○頁
（乙）掲載紙　官報
　　　　掲載の日付　令和○年○月○日
　　　　掲載頁　○○頁

令和○年○月○日

東京都千代田区飯田橋一丁目１番１号
（甲）ＡＢＣ商事株式会社
代表取締役　甲野太郎

東京都新宿区四谷一丁目１番１号
（乙）ＸＹＺ商事株式会社
代表取締役　乙野次郎

　一般的には上記の内容を官報または日刊新聞紙に掲載し公告します。
　公告をしたことを証する書面とはこの内容が載っている官報又は日刊新聞紙そのものです。ただし、日付とページ数がわかれば掲載されている部分のみでもかまいません。また、「原本と相違ない。」という文言と本店住所、会社名、代表取締役の氏名を記載し押印をすれば官報や日刊新聞紙のコピーでもかまいません。

書式10　催告をしたことを証する書面（消滅会社）

催告書

　拝啓　ますますご清祥の段、心からお喜び申し上げます。

　さて、当会社は、令和〇年〇月〇日開催の株主総会において、東京都千代田区飯田橋一丁目１番１号ＡＢＣ商事株式会社と合併して解散し、ＡＢＣ商事株式会社は当会社の権利義務の全てを承継し存続する決議しました。

　効力発生日は令和〇年〇月〇日です。

　上記に対し御異議がございましたら、令和〇年〇月〇日までにその旨をお申し出下さい。以上会社法の規定により催告します。

　なお、最終貸借対照表の開示状況は次のとおりです。

　　　ＡＢＣ商事株式会社

　　　掲載紙　官報

　　　掲載の日付　令和〇年〇月〇日

　　　掲載　頁〇〇頁

　　　ＸＹＺ商事株式会社

　　　掲載紙　官報

　　　掲載の日付　令和〇年〇月〇日

　　　掲載頁　〇〇頁

敬具

令和〇年〇月〇日

東京都新宿区四谷一丁目１番１号
ＸＹＺ商事株式会社
代表取締役　乙野次郎　㊞

債権者各位

　　　　　　　　上記のとおり債権者へ催告しました。

※　　令和〇年〇月〇日

東京都新宿区四谷一丁目１番１号
ＸＹＺ商事株式会社
代表取締役　乙野　次郎　㊞

　上記催告書の控えの末尾に※の内容を奥書した書類を添付します。

　債権者が多数であって、催告書が同じ文であるときは、債権者名簿を合わせてとじて、その末尾に※の内容を奥書した書類を添付すれば足ります。

書式11　催告をしたことを証する書面（存続会社）

催告書

　拝啓　ますますご清祥の段、心からお喜び申し上げます。

　さて、当会社は、令和○年○月○日開催の株主総会において、東京都新宿区四谷一丁目1番1号ＸＹＺ商事株式会社と合併してその権利義務の全てを承継しＸＹＺ商事株式会社は解散することを決議しました。

　効力発生日は令和○年○月○日です。

　上記に対し御異議がございましたら、令和○年○月○日までにその旨をお申し出下さい。以上会社法の規定により催告します。

　なお、最終貸借対照表の開示状況は次のとおりです。

　　　ＡＢＣ商事株式会社
　　　　掲載紙　官報
　　　　掲載の日付　令和○年○月○日
　　　　掲載　頁○○頁
　　　ＸＹＺ商事株式会社
　　　　掲載紙　官報
　　　　掲載の日付　令和○年○月○日
　　　　掲載頁　○○頁

敬具

令和○年○月○日

　　　　　　　　　　　東京都千代田区飯田橋一丁目1番1号
　　　　　　　　　　　ＡＢＣ商事株式会社
　　　　　　　　　　　代表取締役　甲野太郎　㊞

債権者各位

　　　　　　上記のとおり債権者へ催告しました。

　　令和○年○月○日

※　　　　　　　　　東京都新宿区四谷一丁目1番1号
　　　　　　　　　　ＸＹＺ商事株式会社
　　　　　　　　　　代表取締役　乙野　次郎　㊞

上記催告書の控えの末尾に※の内容を奥書した書類を添付します。
　債権者が多数であって、催告書が同じ文であるときは、債権者名簿を合わせてとじて、その末尾に※の内容を奥書した書類を添付すれば足ります。

書式12　弁済等をしたことを証する書面

領収書

一金○円也　ただし、○○の売掛代金

　貴社と東京都新宿区四谷一丁目１番１号ＸＹＺ商事株式会社の合併につき令和○年○月○日異議あることを申し出ましたところ、本日上記金額の弁済を受け受領いたしました。

令和○年○月○日

○県○市○町○番○号
○○○○　㊞

　東京都千代田区飯田橋一丁目１番１号
　ＡＢＣ商事株式会社
　代表取締役　甲野太郎 殿

株式会社合併による解散登記申請書

1．会社法人等番号　○○○○－○○－○○○○○○

1．商　　　号　　XYZ商事株式会社
（フリガナ　エックスワイゼットショウジ）

1．本　　　店　　東京都新宿区四谷1丁目1番1号

1．登記の事由　　合併による解散

1．登記すべき事項　令和3年8月24日東京都千代田区飯田橋1丁
　　　　　　　　　目1番1号ABC商事株式会社に合併し解散

1．登録免許税　　金3万円

上記のとおり、登記の申請をします。

令和3年8月30日

　　　　東京都新宿区四谷一丁目1番1号

　　　　申請人　　XYZ商事株式会社

　　　　東京都千代田区飯田橋一丁目1番1号

　　　　存続会社　ABC商事株式会社

　　　　東京都中野区中野一丁目1番1号

　　　　代表取締役　　甲野　太郎

　　　　東京都新宿区高田馬場一丁目1番1号

　　　　上記代理人　司法書士　戊野　五郎　㊞

　　　　連絡先の電話番号　０３－○○○○－○○○○

> 登記申請を司法書士に委任している場合、申請人である会社の印鑑は不要。

東京法務局　新宿　出張所　御中

新設合併による株式会社設立登記申請書

1. 商　　　　　号　　ＡＢＣ商事株式会社
1. 本　　　　　店　　東京都千代田区飯田橋一丁目１番１号
1. 登 記 の 事 由　　令和３年８月２４日新設合併の手続終了
1. 登記すべき事項　　別添CD-Rのとおり
1. 課 税 標 準 金 額　　金１０００万円
1. 登 録 免 許 税　　金７万円
1. 添　付　書　類
　　新設合併計画書　　　　　　　　　　　　　　　　　　　　１通
　　定款　　　　　　　　　　　　　　　　　　　　　　　　　１通
　　株主総会議事録　　　　　　　　　　　　　　　　　　　　１通
　　株主の氏名又は名称、住所及び議決権等を証する書面
　　（株主リスト）　　　　　　　　　　　　　　　　　　　　１通
　　官報及び日刊新聞紙で公告したことを証する書面　　　　　２通
　　異議を述べた債権者はいないことの上申書　　　　　　　　１通
　　資本金の額の計上に関する証明書　　　　　　　　　　　　１通
　　登録免許税法施行規則第１２条第３項の規定に関する
　　証明書　　　　　　　　　　　　　　　　　　　　　　　　１通
　　消滅会社の登記事項証明書　　　　　　　　　　　　　　　１通
　　設立時取締役の就任承諾書　　　　　　　　　　　　　　　２通
　　設立時取締役が設立時代表取締役を
　　選定したことを証する書面　　　　　　　　　　　　　　　１通
　　設立時代表取締役の就任承諾書　　　　　　　　　　　　　１通
　　本人確認証明書　　　　　　　　　　　　　　　　　　　　２通
　　委任状　　　　　　　　　　　　　　　　　　　　　　　　１通

　上記のとおり登記の申請をします。

令和３年８月３０日

> 登記申請を司法書士に委任している場合、申請人である会社の印鑑は不要。

　　　　　　　　　東京都千代田区飯田橋一丁目１番１号
　　　　　　　　　申請人　ＡＢＣ商事株式会社
　　　　　　　　　東京都中野区中野一丁目１番１号
　　　　　　　　　代表取締役　甲野　太郎
　　　　　　　　　東京都新宿区高田馬場一丁目１番１号
　　　　　　　　　上記代理人　司法書士　戊野　五郎　㊞
　　　　　　　　　連絡先の電話番号　０３－○○○○－○○○○

東京法務局　御中

「商号」ＡＢＣ商事株式会社

「本店」東京都千代田区飯田橋一丁目１番１号

「公告する方法」官報に掲載してする

「目的」

1．各種イベントの企画、制作

2．映画、テレビ、ポスターの企画

3．公告、宣伝の企画制作及び代理業務

4．前各号に付帯する一切の業務

「発行可能株式総数」１０００株

「発行済株式の総数」５００株

「資本金の額」金１０００万円

「株式の譲渡制限に関する規定」　当会社の株式を譲渡するには、株主
　総会の承認を受けなければならない

「役員に関する事項」

「資格」取締役

「氏名」甲野太郎

「役員に関する事項」

「資格」取締役

「氏名」丙野三郎

「役員に関する事項」

「資格」代表取締役

「住所」東京都中野区中野一丁目１番１号

「氏名」甲野太郎

「登記記録に関する事項」東京都新宿区四谷１丁目１番１号ＸＹＺ商
　事株式会社の合併により設立

7 合併に伴う税務上の問題について知っておこう

資産等の譲渡時に帳簿価格を時価に直す大原則によって課税が発生する

合併するとどんな問題があるのか

　企業合併の際に、最も大きな問題となるのが、合併される会社（被合併会社）が資産等を合併する側の会社（合併会社）に移す際に、その資産等を時価に評価し直さなければならないということです。

　通常の業務をしている場合、貸借対照表に記載されている資産等の価値は、企業会計上のルールをもとにした評価額、つまり帳簿価格となっています。しかし、これは、主に資産等を取得したときの価格をもとにしています。減価償却や、保有している株式の価値が大幅に下落した場合の評価損計上といった修正は、逐次加えられますが、その資産等をすぐに処分した場合につく値段や価値を表す時価とは違います。

　被合併会社の資産等を時価評価し直すという原則は、税金にも影響を及ぼします。被合併会社が資産等を合併会社に移すことによって得る対価と資産等の時価との差額が譲渡益となったり、譲渡損となったりして、被合併会社のその年の課税所得に反映されるからです。

　また、合併会社にとっても、時価評価した資産等を自社の貸借対照表に反映させなければならないので、事務手続きなどが煩雑になります。

税制適格合併とは

　資本関係や支配体制の面から見ると、実質的には、すでに同じ会社グループとして事業をしている複数の会社があり、それらが合併するといった場合、本当の目的はより効率的に事業をするためで、合併という行為はあくまで形式にすぎないというケースもあります。たとえば、親会社が100％出資の子会社を統合するといった場合です。そのよ

うな場合でも、子会社がいちいち譲渡益や譲渡損を計上し、税金を徴収されるのでは、企業の事業意欲をそぎ、企業活動の停滞を招くことになります。

　このような考えから、解決策として設けられたのが、**税制適格合併**です。税制適格合併は、一定の条件を満たす場合、合併の際に帳簿価格のままで資産等を移すことが認められる制度です。この制度の適用を受けますと、被合併会社には、資産等の移転に伴う譲渡益や譲渡損が発生しませんし、それに伴い税金も徴収されません。合併会社にとっても、事務手続きが簡単にすむというメリットがあります。

　税制適格合併が認められるのは、以下の2タイプです。

①　企業グループ内で合併する

　「企業グループ」として認められる会社として、まず、ⓐ資本関係が100％の企業グループです。これには、100％親子会社関係にある親会社と子会社との合併や、親会社が100％の子会社を2社以上（複数）有しており、その子会社（兄弟会社）同士の合併などがあります。また、ⓑ資本関係が50％超100％未満の企業グループがあります。それぞれで税制適格合併の要件が異なりますので、それぞれ分けて説明します。

ⓐ　資本関係が100％の企業グループ

　この場合に必要な要件は、株式対価要件です。

・株式対価要件

　合併の対価として、合併会社またはその親会社のいずれか一方の株式以外の資産が交付されないことが必要です。

ⓑ　資本関係が50％超100％未満の企業グループ

　この場合に必要な要件は、株式対価要件の他、従業者引継要件及び事業継続要件があります。これらを満たす場合であれば、両会社の資本関係が緊密であるといえるので、企業グループ内の適格合併として認められるのです。

・**株式対価要件**

上記ⓐの場合と同様です。

・**従業者引継要件**

被合併会社の従業員のおおむね80％以上が、合併後も合併会社の業務に従事することが見込まれることが必要です。

・**事業継続要件**

被合併会社の主要な事業を、合併会社が引き続き行うことが見込まれることが必要です。

なお、ⓐとⓑいずれの場合においても、兄弟会社の合併のように親会社（同一の者）により支配された会社同士の合併の場合には、その親会社によって合併後も支配が継続されていることが必要です。

② **共同事業を行う目的で合併する**

グループ企業同士でなくても共同事業を行うことを目的とする合併の場合に税制適格合併が認められるのは、企業規模の拡大を促すことによって、同業他社や海外企業などとの競争力の充実を図るといったことを税制面から支援するためです。

この場合の税制適格合併を適用できる要件は、上記①ⓑの株式対価要件、従業者引継要件及び事業継続要件の他に、事業関連性要件、事業規模要件または役員継続要件、株式継続保有要件が必要です。

・**株式対価要件、従業者引継要件及び事業継続要**

上記①ⓑの場合と同様です。

・**事業関連性要件**

被合併法人の主要な事業と合併法人のいずれかの事業とが、相互に関連するものであることが必要です。

・**事業規模要件または役員継続要件**

合併会社の主要業務と合併会社の手がけている同じ業務との間で、売上、従業員数、資本などの金額の割合がおおむね5倍を超えない（事業規模要件）か、被合併会社及び合併会社の各々1名以上の役員

が引き続き合併後の会社の役員として残ること（役員継続要件）のいずれかを満たしていることが必要です。

・株式継続保有要件

　被合併会社の株主のうち支配株主（50％超保有）に交付される株式の全部が合併完了後も合併会社の株式を継続して保有すると見込まれることが必要です。

　これらの要件に当てはまるかどうかの判断は慎重に行う必要があります。つまり、「おおむね80％以上」や「おおむね５倍を超えない」という表現があるとおり、数字の一部はあくまで目安で、実際に認められるかどうかは、合併前と後の会社の実態がどうなるかという面がより重視されるためです。

事業年度はどう処理するのか

　被合併会社は、合併により消滅（解散）しますので、事業年度も会社解散の場合と同じく、本来の事業年度の開始から合併の前日までを１事業年度とします。これを**みなし事業年度**といいます。

　被合併会社は、実際に合併した日（合併期日）から２か月以内に確定申告しなければなりません。申告書の提出先は、合併会社の本社所在地の税務署長となります。

どんな書類を届け出なければならないのか

　合併会社と被合併会社が税務署に提出する書類は、それぞれ次のとおりです。合併会社は、異動届出書、合併による法人の消滅届出書、給与支払事務所等の廃止届出書、登記事項証明書、合併契約書の写しです。被合併会社は、異動届出書、登記事項証明書、合併契約書の写しです。

株主にも税金がかかる

　合併の手続きは、被合併会社が資産等を合併会社に移し、その対価

として被合併会社が合併会社から合併会社の株式や金銭などを受け取り、その株式や金銭を自社の株主に配分して完了します。税金の問題は、これらの手続きが行われるごとに発生します。したがって、被合併会社の資産等の譲渡益に対する課税の他に、自社の株主への配分に際しても税金が発生するのです。

具体的には、株主が金銭や合併会社の株式を受け取った際に①みなし配当への課税、②株式譲渡益に対する課税、③贈与税などがかかる可能性があります。

① みなし配当への課税

被合併会社の株主が合併にあたって受け取った金銭等（金銭および合併会社の株式など）の合計金額が、被合併会社の資本金等の額（資本金や資本準備金など）を超える場合、一定の条件に該当すると、超えて受け取った金銭を被合併会社の株主に対する配当とみなす制度を**みなし配当**といいます。会社法上は、配当にあたりませんが、税法上は、解散することになる被合併会社の残余財産を株主に支払う際に、資本金等の額以上の金銭を支払った場合は、その部分を被合併会社の最後の配当金と考えるわけです。

みなし配当とされると、株主には上場企業の場合は20.315％（所得税15％、復興特別所得税0.315％、住民税5％）、非上場企業の場合は20.42％（所得税20％、復興特別所得税0.42％）の税金が源泉徴収されます。また、非上場企業の場合は最終的には他の所得と合わせた金額に対して課税されます（総合課税）。

② 株式譲渡益に対する課税

被合併会社の帳簿価格が資本金等の額よりも低い場合にその差額に対して課税されます。被合併会社の株主が合併会社の株式だけを受け取った場合には課税されませんが、金銭を受け取った場合には課税される可能性があります。

株式譲渡益に対する課税は、申告分離課税となります。

③　贈与税

　同族会社同士の合併の場合に課税される場合があります。課税されるのは、被合併会社の株主が受け取る配分が一般的な経済常識から見て、著しく高額である場合です。そうだと判断されると、著しく高額な部分は、被合併会社の株主に対する贈与とみなされ、株主が個人の場合は贈与税が課されます。法人の場合は、法人税が課税されます。

　このように、株主に対しては、被合併会社の株主が受け取る金銭や合併会社の株式の価格が、被合併会社の帳簿価格よりも高い場合にその差が課税対象になるわけです。したがって、税制適格合併の場合は、帳簿価格で資産等を移すことになりますので、株主が受け取る対価と帳簿価格は一致するため、これらの税金はかからないことになります。

税制適格合併の場合にはどうなる

　被合併会社の税務手続きの流れは、税制適格合併の場合も、税制非適格合併の場合も同じです。具体的には、事業年度の開始日から合併の日までを「みなし事業年度」として、一事業年度と考えます。このみなし事業年度における所得や損失をまとめ、通常の事業年度の計

■ 税制適格合併の主な要件 ………………………………………

要　件	企業グループ内で合併		企業グループ内以外で共同事業目的による合併
	100%の親子関係	50%超100%未満の親子関係	
株式対価要件	○	○	○
従業者引継要件	ー	○	○
事業関連要件	ー	○	○
事業関連性要件	ー	ー	○
事業規模要件または役員継続要件	ー	ー	○
株式継続保有要件	（※）	（※）	○

※同一の者（親会社など）に支配されている場合は○

算方法に従って、合併の日から2か月以内に確定申告を行います。確定申告をする際には、すでに被合併会社は、消滅（解散）しているわけですので、実際の確定申告を行うのは、合併会社となります。また、申告先も合併会社の本社がある税務署の税務署長に対して行います。

　税制適格合併と税制非適格合併との違いは、被合併会社の所得や損失を計算する際のルールが違うということです。税制適格合併の場合、被合併会社の資産等は帳簿価格で合併会社に引き継がれます。したがって、この時点では事業の譲渡損益は発生せず、これらに対する税金もかかりません。同時に被合併会社の株主へのみなし配当や株式譲渡益も発生せず、これらに伴う税金もかかりません。

税制非適格合併の場合にはどうなる

　税制非適格合併では、被合併会社の資産等は、帳簿価格から時価に評価方法が変わります。これら資産が合併会社に引き継がれる際には、時価での評価額と帳簿価格での評価額との金額の差が生じます。そこで、被合併会社は、この差額部分を譲渡益または譲渡損として計上する必要が出てきます。この譲渡損、譲渡益については、以下の順序で計算し、被合併会社やその株主が申告しなければなりません。

①　資産等の時価での譲渡によって生じた譲渡損益の計算（法人税の対象として被合併会社が申告）

②　みなし配当の計算（合併法人が源泉徴収）

③　合併会社の株式以外の金銭の交付があった場合に、被合併法人の株式の譲渡損益の計算（被合併会社の株主が所得税として申告）

　まとめとして、これらをひとつの計算式として表わすと次のようになります。

交付金銭等の額－みなし配当－被合併法人の帳簿価格＝
被合併法人の株式譲渡額

第 4 章

事業譲渡の
しくみと手続き

事業譲渡について知っておこう

譲渡する資産・負債は自由に決められるメリットがある

事業譲渡とは

事業譲渡とは、会社の事業を他の会社に譲り渡す（売却など）ことです。これに対し、会社自体を譲り渡す場合は、企業譲渡または企業売却（会社売却）といいます。事業譲渡の場合は、事業を譲り渡した後も会社の経営権、支配権に変更はありません。しかし、企業譲渡または企業売却の場合は、会社の経営権、支配権自体が変更されるという点が、事業譲渡とは異なります。

会社は、従業員、工場、設備、仕入先、納入先、金銭などを保有していますが、これらを適切に組み合わせて、ひとつのしくみとして機能させることにより、利益を生み出しています。この「利益を生み出すしくみ」を「事業」といいます。判例は、事業を「一定の事業目的のため組織化され、有機的一体として機能する財産」と定義しています。判例の定義は、抽象的な言葉ですが、先ほどの「利益を生み出すしくみ」を言い換えたものということができます。

会社法は、事業を譲り渡す側の会社（譲渡会社）は、①事業の全部を譲渡する場合、②複数の事業のうち重要な一部の事業を譲渡する場合、③子会社の株式または持分の全部または一部を譲渡する場合（譲渡により譲り渡す株式または持分の帳簿価額が譲渡会社の総資産額の5分の1を超え、かつ、譲渡会社が株式譲渡後において子会社の議決権の総数の過半数を有しなくなる場合）に、原則として株主総会の特別決議を必要としています。

これに対して、事業を譲り受ける側の会社（譲受会社）は、譲渡会社の事業の全部を譲り受ける場合に、原則として株主総会の特別決議

を必要としています。事業の一部を譲り受けるにとどまる場合は、株主総会の決議自体が不要である点に注意してください。

その他、事業の全部の賃貸または事業の全部の経営の委任などに関する契約の締結、変更、解約をする場合も、原則として株主総会の特別決議を必要としています。

株式売却（株式譲渡）とはどう違うのか

事業譲渡と株式売却は似て非なるものです。事業譲渡は、会社の事業のみを譲り渡すもので、会社の経営体制（株主や取締役など）に変化をもたらしません。しかし、株式売却は、会社の経営権・支配権の譲渡であり、前述した会社売却に相当します。株式売却により、株主が入れ替わり、それに合わせて取締役も交代するのが通常です。

事業譲渡のメリット

事業譲渡は、①会社を倒産から救う、②会社を清算する、③事業再編をする、などの場合に使われます。

① **会社を倒産から救う**

優良な事業を売却して、その売却益を会社を建て直すための資金にするケースです。

② **会社を清算する**

事業を売却して、その売却益を会社清算のための資金にするケースです。この場合、売却する事業の従業員も一緒に売却先へ移るのが通常ですので（従業員を売却先へ移す法的義務はありません）、会社清算後に従業員を路頭に迷わせないための方策にもなります。

③ **事業再編**

自社にとって必要のない事業や採算のとれない事業を譲渡することにより、会社の経営体質を強化するケースです。売却益で主力の事業をさらに強化することもできます。事業譲渡は、株式売却（170ペー

ジ）と違って、買い手と売り手が自由に譲渡対象である資産や負債の内容を決めることができます。したがって、買う方にとっては、不要な資産や不良資産を買わないという選択をすることができるため、話がまとまりやすいといったメリットがあります。

事業譲渡契約を締結するときの注意点

事業譲渡をするには、当然のことながら、事業の売却先がなければ話になりません。経営者自身の人脈を使って探すことから始めて、地元の商工会議所や取引銀行、専門のコンサルティング会社などに相談するのも一つの方法です。

売却先の候補が決まったら、秘密保持契約を結び、交渉のルールを合意書として文書化した上で交渉を始めます。交渉においては、譲渡する事業の範囲を確定し、どの程度の譲渡価額（売却金額）が適当なのかを決めます。事業譲渡は、売却する資産・負債を交渉しだいで自由に決められますので、慎重な交渉が望まれます。交渉の対象となる事業の範囲には、譲渡する事業の資産や負債の他、ノウハウ、従業員、得意先のリストなども含まれます。概念的に言えば、事業を行う上で有機的に一体とみなされるもののすべてが譲渡の対象となります。

譲渡する事業の範囲が決まったら、それが金額にしてどの程度の価値があるのかを計算します。その際には、損益計算書、バランスシートなどの財務書類などを用意する必要があります。譲渡価額の評価方法には様々なものがあります（110ページ）。

交渉で合意ができたら、事業譲渡契約を締結します。記載事項は、①事業譲渡の対象と内容、②許認可関連事項、③債務や係争の継承、④競業禁止、⑤秘密保持、⑥譲渡会社に無断で権利の質入や事業譲渡をすることの禁止、⑦契約の変更・解除の要件などです。

事業譲渡では、合併と違って、譲渡する資産や負債を個々に移転する手続きをとらなければなりません。

したがって、①については、譲渡する資産を具体的に一覧表にしておくとよいでしょう。事業譲渡とともに移籍する従業員の処遇なども明記する必要があります。②の許認可関連事項は、譲渡する事業を継続するために許認可が必要な場合、どちらがどのような負担をするのかを決めることです。円滑に許認可が得られるように譲渡する側の企業が協力することも明記する必要があります。③については、商号の譲渡が行われた場合の譲受会社の弁済義務の有無（112ページ）、④については、競業避止義務（111ページ）を明記しておくとよいでしょう。

簡易事業譲渡と略式事業譲渡

　簡易事業譲渡または略式事業譲渡にあたる場合は、株主総会の特別決議を省略することができます。簡易事業譲渡は、譲渡の対象になる資産の帳簿価額が会社の総資産額の5分の1を超えない場合です。

　略式事業譲渡は、事業譲渡における譲受会社が特別支配会社である場合です。具体的には、譲受会社であるA社が、譲渡会社であるB社の議決権の9割以上を保有している場合、B社から見てA社が特別支配会社にあたり、A社の株主総会決議が不要となります。

■ 事業譲渡のしくみ

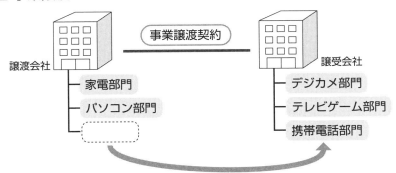

2 事業譲渡の問題点について 知っておこう

事業の価値や競業避止義務が問題になる

譲渡価額はどのように決めるのか

　事業譲渡は、簡潔に言えば、「事業」という商品の売買です。売買である以上、商品の価格を決める必要がありますが、「事業」の価格はどのように決まるのでしょうか。

　たとえば、**「事業譲渡で移転する資産の時価＋営業権」**という計算によって事業の譲渡価額を決める方法があります。この方法は、中小企業のM＆A実務で広く利用されています。

　移転する資産が建物や土地であれば、固定資産税評価額や相続税評価額を参考にして時価を算出します。不動産以外の資産も、時価に換算して評価します。なお、財産的価値が低い資産は、個別に計算するのではなく、まとめて金額を計算することが多いようです。

　一方、営業権は「のれん」とも呼ばれ、同業他社よりも多くの収益を獲得する力（超過収益力）を金銭に換算して評価したものです。しかし、営業権の金銭的な評価はとても難しいといえます。営業権は、ブランド、ノウハウ、立地条件、経営手法、取引先などの目に見えない資産だからです。

　営業権を評価する手法として代表的なものは利益基準法です。利益基準法は**「過去数年間の平均年間利益金額×年数」**という計算式で営業権を評価します。利益基準法のメリットは計算が容易なことです。過去の財務諸表を見れば、年間利益金額を簡単に算出できるからです。利益基準法も中小企業のM＆A実務で広く利用されています。

　上記の「事業譲渡で移転する資産の時価＋営業権」という算出方法の他に、DCF法（ディスカウントキャッシュフロー法）という算出

方法もあります。DCF法の特徴は、譲渡される事業が将来獲得するキャッシュフローを現在の価格に割り引くことによって、その事業の価値を算出することにあります。

　譲渡する事業の範囲によっては、商品別や地域別の売上・利益などの資料も作成する必要が出てきます。それらの財務資料をもとに事業の値段を計算するわけですが、譲渡価格を決める上で問題になるのが「のれん代」の算出です。利益が出ている場合は、純資産価値評価法、株式市場基準法、超過収益還元法などを利用し、赤字の場合は、営業量基準法、（純益）年倍法などを利用することが多いようです。

　これまで紹介した方法によって算出した事業の価値は、あくまで目安にすぎません。どの算出法も一長一短がありますので、譲渡する事業の内容を最も反映できる算出法を検討する必要があります。複数の算出法で計算した結果をもとに譲渡金額を決めることが必要でしょう。税理士や公認会計士などの専門家の助言を得ることも大切です。最終的な譲渡価格は、当事者の話し合いによって決まります。

■ 競業避止義務との関係は

　事業を譲渡した会社（譲渡会社）は、事業譲渡の日から20年間、一定地域内で譲り渡した事業と同一の事業を行うことが禁止されます。この義務を**競業避止義務**といいます。

　譲受会社は、譲渡会社が持っていたのと同じ市場における地位を得る目的で、事業を譲り受けます。しかし、譲渡会社が譲り渡したのと同じ事業を行ってしまうと、事業を譲り受けた目的を達成できなくなるため、譲渡会社に対して競業避止義務を課しています。

　競業が禁止される「一定の地域内」は、同一の市町村の区域内とそれを隣接する市町村の区域内です。ここでいう「市町村」とは、東京都や政令指定都市では渋谷区などの各区を指します。なお、競業避止義務が適用される地域を、事業譲渡の当事者間の取り決めによって拡

大することも可能です。

　競業が禁止される期間は20年です。この期間は、事業譲渡の当事者間の合意によって自由に短縮できますが、延長の上限は30年で、それを超える期間を定めることはできません。

　競業禁止の対象になるのは、譲渡したのと同一の事業ですが、事業譲渡の当事者間の合意によって、関連事業についても競業を禁止することもできます。

　競業避止義務は絶対的なものではなく、事業譲渡の当事者間が競業を認める旨の取り決めをすることは可能です。ただし、競業が可能な場合であっても、譲渡会社が「事業譲渡がなされていない」と世間に誤解を招くようなやり方で競業を行うことは認められません。

▌商号は続けて使用できるのか

　事業譲渡に合わせて、譲受会社が譲渡会社の商号を引き継ぐことも可能です。同じ商号を使えば、顧客や取引先の信用をつなぎとめることができるという利点があります。ただし、譲受会社が商号を引き継ぐ場合に注意すべき点があります。それは、譲渡会社の債権者に対する弁済責任を免れる措置を講じることです。会社法には、商号を続用した譲受会社は、その代償として、譲渡会社の債権者に対して弁済責任を負うことが規定されています（商号続用責任）。しかし、譲受会社が事業を譲り受けた後、遅滞なく、次のいずれかの措置を講じれば、商号続用責任が免除されます。

① 　譲受会社がその本店所在地で「譲渡会社の債務の弁済責任を負わない」という登記をした場合

② 　譲受会社および譲渡会社から、譲渡会社の債権者に対して「譲渡会社の債務の弁済責任を負わない」という通知をした場合

　なお、商号続用責任を負う譲受会社が何らの措置を講じなくても、事業譲渡から2年以内に請求または請求の予告をしない譲渡会社の債権者との関係では、商号続用責任が免除されます。

独占禁止法との関係は

独占禁止法は、特定の市場が独占状態または寡占状態になって競争が制限されることを規制しています。この観点から、独占禁止法は、一定の規模以上の事業譲渡も取り締まりの対象としています。事業規模の大きな会社が、規模の大きな事業を譲り受けると、特定の市場が独占・寡占の状態となり、競争を制限するおそれがあるからです。

具体的には、国内売上高合計額200億円を超える会社が、国内売上高合計額30億円を超える会社から事業の全部を譲り受ける場合などは、原則として、公正取引委員会への届出が必要になります。

事業譲渡の税務上の処理

税務上、事業譲渡によって譲渡益が発生した場合は、法人税法上の益金、損失が出た場合は損金として処理します。この際、個々の資産や負債は時価評価されますので、注意が必要です。いくら、事業の譲渡人と譲受人が合意したからといって、譲渡価格が市場価格より極端に高かったり、低かったりした場合は、税務署より時価をベースにした取引に換算し直した課税額が求められることになります。

■ 事業譲渡をめぐる法律・税務の問題 ………………………………

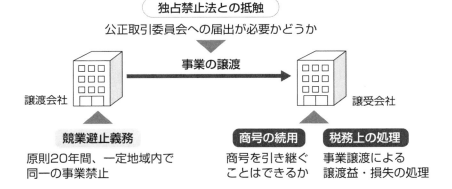

事業譲渡の手続きについて

　事業譲渡をする際には、当事者間で秘密保持契約を締結してから交渉を開始した後、①取締役会決議、②事業譲渡契約の締結、③株主総会決議、④反対株主の株式買取請求、⑤権利移転手続きなどを経ることが必要です。以下、①から⑤について説明します。

①　取締役会決議

　会社法では、「重要な財産の処分・譲受け」をする際は、取締役会決議（取締役会を設置していない会社は取締役の過半数の一致）を必要としています。したがって、事業の譲渡や譲受けが「重要な財産の処分・譲受け」にあたる場合は、取締役会決議が必要です。

　もっとも、何をもって「重要な財産」にあたるのかは判断に迷う場合が多く、その場合は取締役会決議を経ておくのが無難です。取締役会の開催はそれほどの手間がかからないだけでなく、慎重な取扱いを行ったほうが、後に発生するトラブルを防止できるからです。

　なお、譲渡や譲受けの対象となる財産が「重要な財産」にあたらなければ、代表取締役の判断で決定することができます。

②　事業譲渡契約の締結（書式１）

　事業譲渡契約は「利益を生み出すしくみ」である事業を売買する契約です。そのため、「○○の建設部門に関する事業」という記載で、譲渡の対象を特定できます。しかし、譲渡の対象になる財産があいまいだと、どの財産が譲渡の対象になるのかについてトラブルが起こるおそれがあります。そこで、事業譲渡契約では、譲渡の対象になる個々の財産を明示するのが通常の取扱いです。ただし、譲渡の対象財

産をどこまで詳細に記載するかは、ケース・バイ・ケースです。

　次に、**事業譲渡契約書（書式１）**の条項を見ていきましょう。

　第７条の表明・保証は、７条①及び②に掲げられている事項が真実であることを表明し保証することです。これに反した場合、損害賠償義務を負うこともあります。

　第８条の善管注意義務は、譲渡会社となった側が、譲渡財産について常識的に払うべき注意義務のことです。事業譲渡完了日までに譲渡側の事業の価値を下げないよう定めるのが一般的です。

　第10条のように従業員の処遇について定めることが多いです。事業承継は事業の一部や全部の承継であり、その事業で働く従業員の立場に影響を及ぼすものだからです。

　第12条の競業避止義務は、事業譲渡の日から一定期間、譲渡会社が譲渡した事業と同じビジネスは行わないという約束です。譲受会社を守るために定めます。禁止期間の原則は20年で、30年まで伸ばすことが可能ですが、第12条のように短縮することも可能です。

③　株主総会決議

　事業譲渡が「事業の全部の譲渡」「事業の重要な一部の譲渡」「子会社の株式または持分の全部または一部の譲渡（一定要件を満たした場合に限る）」などの場合は、譲渡会社の株主総会の特別決議（14ペー

■ **事業譲渡の主な手続きの流れ** ……………………………………

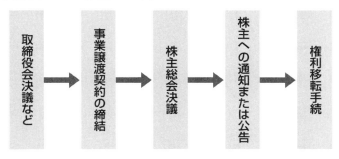

ジ）が必要です。一方、他社の事業の全部を譲り受ける場合は、譲受
会社の株主総会の特別決議が必要です。

　特に「事業の重要な一部」という表現が抽象的であり、株主総会決
議の要否の判断に迷うケースが多いです。取締役会決議の場合とは異
なり、株主総会の特別決議を経るのが難しいケースもあるため、慎重
な判断が必要です。「事業の重要な一部」とは、売上高、収益、従業
員数、資産、施設などのいずれかの要素が、譲渡会社全体の１割を超
える場合を指すとの見解があります。この見解を参考にして、１割を
超える場合には、弁護士などの専門家に相談して、株主総会決議の要
否を判断するのが確実でしょう。

　そして、株主総会の決議後、事業譲渡の効力発生日の20日前までに
株主に譲渡することを通知または公告します。

④　反対株主の株式買取請求

　事業譲渡に反対の株主は、会社に株式の買取を請求する権利があり
ます。①あらかじめ株主総会で決議に反対することを書面で会社に通
知して実際に株主総会で決議に反対した株主、または、②株主総会に
て議決権を行使できない株主は、株式買取請求ができます。株式買取
請求がされた場合、会社は公正な価格で株式を買い取らなければなり
ません。株式買取請求は「効力発生日」に効力を生じます。なお、簡
易事業譲受の場合は株式買取請求権が認められません。

⑤　権利移転の手続き

　事業譲渡の場合は、譲渡する事業に関連した個々の資産について、
個別に権利を移転させる手続きが必要です。合併と違って、事業譲渡
の場合は資産や負債の移転は個々に行われます。したがって、譲渡す
る事業に関連した債務を移転させるためには、債権者から個別に承諾
を得るか、または債権者と譲受会社との間で債務引受に関する契約を
する必要があります。

どんなことを登記するのか

　事業譲渡の内容に応じて、譲渡される個々の資産や負債ごとに登記の変更を行います。この際、関係書類の交付など、登記ができるように協力する必要があります。登記は事業譲渡の事実を第三者へ主張するための要件（対抗要件）となりますので、速やかに行うことが必要です。ここでは事業譲渡に伴って必要になる登記を、商業登記と不動産登記に分けて説明します。

　まず、商業登記について説明します。事業譲渡を行った場合に、絶対的に必要な商業登記はありません。個々の譲渡の形態に合わせて、商号の変更、目的変更、役員変更などの登記が必要になる場合があるだけです。具体的には、事業の全部を譲り受ける際に、商号も引き継ぐのであれば、商号変更の登記が必要になります。この場合には、譲渡会社の債務の弁済責任を負わない旨の登記の申請（または譲受会社及び譲渡会社から第三者に対する通知）を検討する必要もあります。

　また、譲渡を受けた事業が会社の目的に記載されていない事業である場合には、会社の目的を追加する目的変更の登記も必要です。さらに、譲渡を受けた事業について担当役員を新たに選任する場合には、取締役を増員する役員変更の登記も必要です。

　商号変更、目的変更、取締役や代表取締役の変更があったときの登記申請書が**書式2**です。また、その時の登記すべき事項の記載例は**書式3**です。

　次に不動産登記について説明します。事業譲渡によって、譲渡会社の不動産を譲り受ける場合には、その不動産について所有権移転登記が必要になります。法務局に提出する申請書の記載例は**書式4**です。

書式1　事業譲渡契約書

事業譲渡契約書

　甲及び乙は、次のとおり事業譲渡契約（以下「本契約」という）を締結する。

第1条（契約の目的）　甲は、乙に対して、令和○年○○月○○日（以下「譲渡日」という）をもって、その○○に関する事業（以下「本事業」という）を譲渡し、乙はこれを譲り受ける。

第2条（譲渡日の変更）　甲及び乙は、手続上の事由その他必要があるときは、協議の上、前条に定める譲渡日を変更できる。

第3条（譲渡の対象となる財産）　甲から乙に譲渡される財産（以下「譲渡財産」という）は、譲渡日における甲の本事業に関する一切の資産とする。

2　譲渡財産および承継する負債の詳細は、甲乙協議の上、これを定める。

第4条（譲渡代金）　本契約の代金は、譲渡日における時価を基準とし、金○○○円から×××円までの範囲で、甲乙協議の上、これを定める。

第5条（代金の支払方法等）　譲渡代金の支払方法、支払時期は、甲乙協議の上、これを定める。

第6条（引渡）　甲は、譲渡日をもって、乙に譲渡財産を引き渡す。

2　譲渡財産の移転に関する登記、登録、通知等の手続きは、前項の引渡後遅滞なく、甲から乙に対して行う。

3　前項の手続きに要する費用は、乙が負担する。

第7条（表明・保証）　甲は、本契約につき、乙に対して、以下の事項を表明し、保証する。

① 本契約の締結にあたり、甲の財務諸表その他の情報は正確であり、完全であること。

② 本事業につき、甲は事業継続に必要なすべての権利を適法かつ有効に保有しており、事業継続の維持に悪影響を与え、またはそのおそれのある事由は一切ないこと。

第8条（善管注意義務） 甲は、本契約締結後引渡完了まで、善良な管理者の注意をもって、譲渡財産を管理運営する。

2 甲は、譲渡財産について重大な変更を加える場合には、事前に乙と協議を行わなければならない。

第9条（公租公課の負担） 譲渡財産に関する公租公課は、譲渡日の前日までの分を甲が、効力発生日以降の分を乙が負担する。

第10条（従業員の処遇） 本事業に従事する甲の従業員は、譲渡日の前日をもって甲を退社する。乙は、譲渡日をもって、これらの従業員を○○名を上限として新たに雇用する。

3 本事業に従事する甲の従業員に関するその他の取扱いは、甲乙協議の上、これを定める。

第11条（株主総会の承認） 甲及び乙は、令和○年○○月○○日までに株主総会を開催し、本契約について承認を得なければならない。

第12条（競業避止義務） 甲は、譲渡財産の引渡完了日の翌日から５年間、本事業と同一の事業を行ってはならない。

第13条（本契約の効力発生要件） 本契約は、次の各号に定める要件を満たさなければ効力を生じない。

① 甲及び乙が、株主総会の承認（第11条）を得ること。

② 私的独占の禁止及び公正取引の確保に関する法律に基づく届出を行い、かつ同法所定の期間を経過すること。

第14条（契約の変更及び解除） 本契約締結日から引渡完了日ま

での間に、次のいずれかの事由が発生したときは、甲乙協議の上、本契約を解除するか、又は本契約の条件を変更できる。

① 天災地変その他の事情により、譲渡財産に重大な変動が生じたとき

② 譲渡財産に本契約の内容に適合しないものがあったとき

第15条（損害賠償） 甲又は乙は、本契約の締結後、解除その他の事由により、相手方に損害を与えたときには、その損害を賠償する責任を負う。ただし、相手方の本契約上の重大な義務の不履行などのやむを得ない事由により本契約を解除した場合を除く。

第16条（協議事項） 次のいずれかの事由が生じたときは、甲及び乙は、誠意をもって協議し解決を図る。

① 本契約に定めのない問題が発生したとき

② 本契約の解釈について、甲乙間で疑義が生じたとき

第17条（裁判管轄） 本契約に関する紛争については、○○地方裁判所をもって第一審の専属的合意管轄裁判所とする。

本契約の内容及び成立を証明するため、本契約書を2通作成し、甲乙各1通を保有する。

令和○年○○月○○日

（甲）○○県○○市○○町○○丁目○○番地
○○○○株式会社（譲渡会社）
代表取締役　○○○○　㊞

（乙）○○県○○市○○町○○丁目○○番地
○○○○株式会社（譲受会社）
代表取締役　○○○○　㊞

株式会社変更登記申請書

1．会社法人等番号　　　○○○○－○○－○○○○○○
1．商　　　　　号　　　エービーシーショウジ
　　　　　　　　　　　　ＡＢＣ商事株式会社
1．本　　　　　店　　　東京都千代田区飯田橋一丁目１番１号
1．登記の事由　　　　　商号の変更
　　　　　　　　　　　　目的の変更
　　　　　　　　　　　　取締役及び代表取締役の変更
1．登記すべき事項　　　別添CD-Rのとおり
1．登録免許税　　　　　金４万円
　　　　　　　　　　　　内訳　役員変更分　　金１万円
　　　　　　　　　　　　　　　その他変更分　金３万円
1．添　付　書　類
　　定款　　　　　　　　　　　　　　　　　　　　　　　１通
　　株主総会議事録　　　　　　　　　　　　　　　　　　１通
　　株主の氏名又は名称、住所及び議決権数等を証する書面
　　（株主リスト）　　　　　　　　　　　　　　　　　　１通
　　辞任届　　　　　　　　　　　　　　　　　　　　　　３通
　　取締役の互選書　　　　　　　　　　　　　　　　　　１通
　　取締役の就任承諾書　　　　　　　　　　　　　　　　３通
　　代表取締役の就任承諾書　　　　　　　　　　　　　　１通
　　印鑑証明書　　　　　　　　　　　　　　　　　　　　３通
　　委任状　　　　　　　　　　　　　　　　　　　　　　１通
　　上記のとおり登記の申請をします。

　　令和３年８月３０日
　　　　　　東京都千代田区飯田橋一丁目１番１号
　　　　　　申請人　ＤＥＦ商事株式会社
　　　　　　東京都葛飾区青戸一丁目１番１号
　　　　　　代表取締役　佐藤　四郎 ──

> 登記申請を司法書士に委任している場合、申請人である会社の印鑑は不要。

　　　　　　東京都新宿区高田馬場一丁目１番１号
　　　　　　上記代理人　司法書士　戊野　五郎　㊞
　　　　　　連絡先の電話番号　０３－○○○○－○○○○

　　東京法務局　御中

「商号」ＤＥＦ商事株式会社
「原因年月日」令和３年８月２４日変更
「目的」
　１．各種イベントの企画、制作
　２．映画、テレビ、ポスターの企画
　３．広告、宣伝の企画制作及び代理業務
　４．前各号に付帯する一切の業務
「原因年月日」令和３年８月２４日変更
「役員に関する事項」
「資格」取締役
「氏名」甲野太郎
「原因年月日」令和３年８月２４日辞任
「役員に関する事項」
「資格」取締役
「氏名」乙野次郎
「原因年月日」令和３年８月２４日辞任
「役員に関する事項」
「資格」取締役
「氏名」丙野三郎
「原因年月日」令和３年８月２４日辞任
「役員に関する事項」
「資格」代表取締役
「住所」東京都中野区中野一丁目１番１号
「氏名」甲野太郎
「原因年月日」令和３年８月２４日退任
「役員に関する事項」

「資格」取締役
「氏名」佐藤四郎
「原因年月日」令和３年８月２４日就任
「役員に関する事項」
「資格」取締役
「氏名」山田五郎
「原因年月日」令和３年８月２４日就任
「役員に関する事項」
「資格」取締役
「氏名」鈴木六郎
「原因年月日」令和３年８月２４日就任
「役員に関する事項」
「資格」代表取締役
「住所」東京都葛飾区青戸一丁目１番１号
「氏名」佐藤四郎
「原因年月日」令和３年８月２４日就任

登　記　申　請　書

登記の目的　　所有権移転

原　　　因　　令和○年○月○日事業譲渡

権　利　者　　東京都新宿区四谷一丁目１番１号

> 登記申請を司法書士に委任している場合、申請人である会社の印鑑は不要。

　　　　　　　XYZ商事株式会社

　　　　　　　会社法人等番号　××××－××－××××

　　　　　　　代表取締役　乙野　次郎

義　務　者　　東京都千代田区飯田橋一丁目１番１号

> 登記申請を司法書士に委任している場合、申請人である会社の印鑑は不要。

　　　　　　　ABC商事株式会社

　　　　　　　会社法人等番号　▲▲▲▲－▲▲－▲▲▲▲

　　　　　　　代表取締役　甲野　太郎

添　付　書　類　　登記原因証明情報　← 事業譲渡契約書など

> 権利者、義務者とも会社法人等番号を記載しているので添付省略可能

　　　　　　　登記識別情報　← または登記済証

　　　　　　　印鑑証明書　住所証明書

　　　　　　　会社法人等番号　代理権限証書

令和○年○月○日申請　東京法務局　○○出張所　御中

代　理　人　　東京都新宿区高田馬場一丁目１番１号

　　　　　　　司法書士　　戊野　五郎　㊞

　　　　　　　連絡先の電話番号　０３－××××－××××

課　税　価　格　　金８０００万円

登録免許税　　金１６０万円

＜不動産の表示＞

　不動産番号　１１１１２２２２３３３３３

　所　　在　　○○区××○丁目

　地　　番　　○○番○

　地　　目　　宅地

　地　　積　　○○○.○○㎡

第 5 章

会社分割の
しくみと手続き

会社分割について知っておこう

吸収分割と新設分割があり、使い勝手もよくなった

会社分割とは

会社分割とは、ひとつの会社を２つ以上の会社に分けることです。会社分割には吸収分割と新設分割の２つの方法があります。**吸収分割**とは、会社が切り分けた事業を既存の他の会社に継承させる方法です。**新設分割**は、新設した会社に事業を継承させる方法です。事業を分割する側の会社を**分割会社**、事業を継承する会社を**承継会社**と呼びます。

さらに、吸収分割と新設分割のそれぞれは、分割した事業を譲り受けた対価として承継会社が発行する株式等を誰に交付するかの違いで、人的分割と物的分割に分けられます。**人的分割**とは、承継会社が分割会社の株主に株式等を交付するケースです。**物的分割**とは、承継会社が分割会社に株式等を交付するケースです。したがって、人的分割で株式が交付された場合は、分割会社の株主が承継会社の株主にも就くことになります。一方、物的分割で株式が交付された場合は、承継会社は分割会社の子会社になります。もっとも、現在の会社法の下で認められているのは「物的分割」であることに注意が必要です。

そして、対価としては株式を交付するのが一般的ですが、会社分割を利用した会社清算などがやりやすいように、株式を交付する代わりに金銭を支払うこともできます。

会社分割の対象は事業に関して有する権利義務の全部又は一部です。事業とは、事業譲渡における事業（106ページ）と同義とされています。

どんな場合に利用するのか

会社分割を使う場合には、①会社を倒産から救う、②会社を清算す

る、③事業再編する、④事業再生するといった目的が想定されます。

　①会社を倒産から救う、②会社を清算するという目的は事業譲渡の項目でも出てきましたが、同様の目的で会社分割制度を利用することもできます。簡潔に言うと、承継会社から受け取る金銭や株式を資金として分割会社を建て直したり（①）、清算したりします（②）。

　③事業再編では、持ち株会社を設立する場合などに活用されます。持ち株会社とは、具体的な事業活動の展開や投資というよりは、他の株式会社を支配することを目的として、他の会社の株式を保有する会社のことです。

　最近、活用が増えているのが、企業分割により不採算部門を切り分けて、④事業再生を図る活用法です。会社法が認める新設分割の物的分割を活用し、既存の会社を借入金や不良資産を持つ会社と優良資産を持つ会社に分割するのです。借入金や不良資産を持つ会社が承継会社、優良資産を持つ会社が分割会社となり、分割会社が承継会社の親会社となります。親会社は、主に優良資産しか持っていないため、投資や融資による資金を集めやすくなります。一方、子会社は、主に借入金と不良資産しかないため、借入金の免除や借入条件の変更を債権者に依頼します。親会社は、投資や新規融資で集めた資金の一部を子会社の借入れの返済に充て、残りを事業資金に回して事業を継続します。子会社に移った債務が一部でも返済されることにより、既存の債権者も債務の免除や借入条件の変更に応じやすくなるわけです。

▍会社分割のメリット

　会社が切り分けた事業の一つを別の会社に移転させる方法として会社分割を利用するメリットとしては、対価として金銭の交付が不要であるという点が挙げられます。事業譲渡（106ページ）の場合、譲受会社は対価として通常金銭を交付することになりますが、会社分割の場合、承継会社は株式などの金銭以外の財産を分割会社に交付するこ

とができます。このように、対価が金銭に限られない点で、事業を譲り受ける側の承継会社にとって都合がよいことがあります。

また、事業譲渡との大きな違いは、会社分割が特定の事業を一括して承継する（包括承継）という形をとることから、許認可事業を継承する場合は、承継会社が一部の例外を除いて許認可もあわせて継承するため、これを取り直す必要がなくなる点などが挙げられます。

その他にも、事業譲渡は、譲渡先が個人でもかまいませんが、会社分割は、事業を継承するのは会社でなければなりません。

会社分割は、継承する資産・負債を自由に決められる事業譲渡に比べて制約は強いかもしれませんが、手続きの詳細が会社法などの法律に明記されていることの安心感から、現在では、会社分割を活用するケースも増えています。

さらに、会社分割は、債務の継承にあたって、継承する債務を自由に選択することができません（継承する事業に関する債務を一括して継承するため）。しかし、事業譲渡や現物出資と異なり、個々の債権者の承諾を得る必要がなく、現物出資の場合に要求されている検査役の調査も不要です。会社分割は、他の手法と比べて手続き上のメリットもあるということができるでしょう。

■ 会社分割と事業譲渡の違い

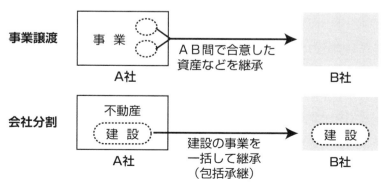

会社分割の手続きについて知っておこう

会社分割契約書や会社分割計画書を作成する

分割契約書を作成する必要がある

　会社分割を行うためには、吸収分割の場合は**会社分割契約書（書式1）**、新設分割の場合は**会社分割計画書（書式4）**を作成する必要があります。合併契約書と同じく、これらには必ず記載しなければならない事項が会社法で決められています。たとえば、株式会社が吸収分割を行う場合の吸収分割契約書の**法定記載事項**は、以下のとおりです。ひとつでも記載漏れがあった場合は、会社分割は法的に無効となりますので注意が必要です。

① 分割会社、承継会社の商号と住所

② 承継会社が分割会社から継承する資産・債務・雇用などの権利・義務に関する事項

③ 分割により分割会社または承継会社の株式を承継会社に承継させる場合はそれに関する事項

④ 承継会社が分割会社に対して、継承の対価として株式の交付や金銭の支払いなどを行う場合は、それに関する事項

⑤ 承継会社が分割会社の新株予約権の新株予約権者に対して、その新株予約権に代わる承継会社の新株予約権を交付する場合はそれに関する事項

⑥ ⑤の場合には、新株予約権者に対する承継会社の新株予約権の割当に関する事項

⑦ 吸収分割の効力発生日

⑧ 分割会社が効力発生日に全部取得条項付種類株式の取得や一定の剰余金の配当を行うときは、その事実

取締役会や株主総会の承認を得る必要がある

　会社分割を行う場合は、吸収分割であっても新設分割であっても、会社分割を承認する取締役会決議および株主総会決議（特別決議）を経ることが必要です。取締役会や株主総会の終了後は議事録を作成します。本書では、作成が必要になる議事録の一部の議案例・議事録例を掲載します。作成上の注意点は、以下のとおりです。

・吸収分割契約を締結するための承継会社の取締役会議案例（書式2）

　吸収分割契約書を提出し、承認が得られたことを記載します。全員一致ではなく、一部の取締役が反対した場合には、その事実を記載することになります。

・吸収分割契約を承認する分割会社の株主総会議案例（書式3）

　吸収分割の内容について説明した事実と、承認の要件である特別決議が得られたことを記載します。

・新設分割を承認する株主総会議事録例（書式5）

　新設分割の内容について説明した事実と、承認の要件である特別決

■ 新設分割と吸収分割 ……………………………………………

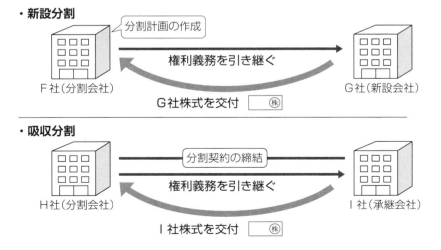

・新設分割

分割計画の作成

F社（分割会社）　権利義務を引き継ぐ　→　G社（新設会社）

G社株式を交付　㈱

・吸収分割

分割契約の締結

H社（分割会社）　権利義務を引き継ぐ　→　I社（承継会社）

I社株式を交付　㈱

議が得られたことを記載します。

承継先を見つけるには

吸収分割の場合に承継先を見つけるのは、合併のときなどと同様に
骨の折れる仕事になります。経営者が自身の人脈で探す他、地元の商
工会議所や取引銀行、専門の経営コンサルティング会社などに相談す
ることも必要になる場合があります。

会社分割の手続きについて

会社分割契約書、会社分割計画書の策定後、利害関係者の承認を得
る必要があります。

まず、分割会社、承継会社ともに、会社分割の効力発生日の前日ま
でに株主総会の特別決議（14ページ）による承認が必要です。株主総

■ 会社分割の手続き

```
┌─────────────────┐        ┌─────────────────┐
│  新 設 分 割      │        │  吸 収 分 割      │
└─────────────────┘        └─────────────────┘
         ↓                           ↓
┌─────────────────┐        ┌─────────────────┐
│  分割計画書の作成  │        │  分割契約書の作成  │
└─────────────────┘        └─────────────────┘
         ↓                           ↓
┌─────────────────┐        ┌─────────────────┐
│   株主総会の承認   │        │   株主総会の承認   │
│ （簡易分割に該当する場合は │     │ （簡易分割に該当する場合は │
│      承認不要）    │        │      承認不要）    │
└─────────────────┘        └─────────────────┘
```

（株主保護）　　会社分割に反対の株主の株式買取請求

（債権者保護）　会社分割に異議のある債権者に対する弁済

（分割の効果）　債権債務の包括承継　＋　株式発行など

会の開催にあたり、それらに関する資料を総会開催の2週間前から会社分割の効力が発生する日まで会社の本店に置き、株主や債権者が閲覧できるようにしておかなければなりません。

　なお、分割会社や新設会社に継承させる資産が純資産額の20％以下の分割会社や、分割会社に交付する対価が純資産額の20％以下の承継会社は、株主総会決議が不要です（簡易分割）。また、吸収分割に限り被支配会社（相手会社が自社の株式の90％以上を保有する場合）は株主総会決議が不要です（略式分割）。

　株主総会決議に反対した株主（反対株主）は、保有する株式を会社に対して買い取るように請求できます。会社は、この買取請求を拒否できず、適正な価格で反対株主から買い取りを行います。価格が折り合わない場合は、裁判所に金額を決めてもらうこともできます。

　次に、会社分割によって不利益を被るおそれのある債権者は異議申立てができます。会社は1か月以上の異議申立期間を設定し、吸収分割の内容を公告します。債権者が特定できる場合は直接通知します。異議申立期間中に異議を述べなかった債権者は、会社分割を承認したとみなされます。異議を申し立てた債権者に不利益が生じるおそれがある場合は、弁済や担保の差入れといった救済措置をとります。

　会社分割では従業員も承継の対象になるため、労働契約承継法に基づいて従業員の保護も行う必要があります。たとえば、分割会社には会社分割前に従業員や労働組合への書面通知などが義務付けられている他、分割会社の従業員が分割会社に対し労働契約の承継の有無について異議申立てができる場合も規定されています（145ページ）。

▌最後に登記を申請する

　吸収分割では、分割会社と承継会社の双方について変更登記を申請します。一方、新設分割では、分割会社についての変更登記と、新しく設立される会社についての設立登記を申請します。

会社分割登記の申請期間は吸収分割と新設分割で異なります。

　吸収分割では、分割会社、承継会社の両方について変更登記を申請します。これらの登記の申請期間は、吸収分割の効力発生日から２週間以内（支店所在地では３週間以内）です。なお、吸収分割の効力発生日は、当事者が契約で定めた日になります。一方、新設分割の場合は、分割会社については変更登記を、設立会社については設立の登記を申請します。登記申請期間の起算日は、必要な手続きがすべて終わった日または分割会社が定めた日のいずれか遅い日です。その起算日から２週間以内（支店所在地では３週間以内）に上記の登記を申請する必要があります。新設分割の効力発生日は登記の日です。

　吸収分割でも新設分割においても、会社分割の当事者となった会社（当事会社）は、会社分割の効力発生後、共同して、承継会社や新設会社に継承された権利義務などを記載した書面を作成します。この書面を効力発生日から６か月間、当事会社の本店に備え置き、利害関係人（株主や債権者など）からの閲覧・謄写等の請求に応じます。

会社分割の際に注意すること

　会社分割の際にの注意点は、吸収分割の場合、分割会社は承継会社から適正な対価を受け取らなければならないことです。たとえば、適正な対価を受け取らないまま、吸収分割後に会社清算手続きをした分割会社は、債権者から偽装倒産の疑いで裁判所に訴えられるおそれがある他、会社分割そのものが無効となる可能性があります。

　また、濫用的会社分割（主に不採算部門を切り離すための会社分割など）に該当する場合には、承継会社や新設会社が、分割会社の債権者から債務の弁済請求を受ける可能性があります。

会社分割契約書

　甲と乙は、甲を分割会社、乙を承継会社として、次のとおり会社分割契約（以下「本契約」）を締結する。

第1条（分割により承継される事業）　乙は、次の部門の事業の全てを会社分割によって甲から承継する。

①　○○部門（事業内容　○○の仕入れ）

②　○○部門（事業内容　○○の製造・販売）

第2条（分割新株の発行及び割当）　乙は、分割に際して新たに普通株式○○株を発行する。

2　乙は、分割によって甲から承継する権利義務の対価として、甲に対して第1項の株式を割り当て交付する。

第3条（分割後の資本金及び資本準備金の額）　分割後の乙の資本金及び資本準備金の額は、次のとおりとする。

①　資本金　金○○○○万円（資本金の増加額○○○万円）

②　資本準備金　金○○○○万円（資本準備金の増加額○○○万円）

第4条（承継される権利義務等）　乙は、○○部門及び○○部門（第1条第1項各号）に関連した資産、債務、契約上の地位その他の権利義務を承継する。承継される権利義務の詳細は、別紙「承継する権利義務目録」記載のとおりとする。

2　乙は、甲から承継する債務につき、併存的に債務を引き受ける。

3　乙は、○○部門及び○○部門（第1条第1項各号）に所属するすべての従業員についての雇用契約及び甲と当該従業員

との間に存在するすべての権利義務を承継する。

第5条（分割交付金）　本契約においては、乙は分割交付金の支払いは行わないものとする。

第6条（効力発生日）　本契約の効力発生日は、令和○年○月○日とする。

第7条（効力発生日の変更）　甲及び乙は、必要があるときは、第6条に定める効力発生日を変更することができる。

2　効力発生日の変更にあたっては甲乙間で協議を行うものとする。

第8条（株主総会の承認）　甲及び乙は、令和○年○月○日までに株主総会を開催して、本契約の承認を求めることとする。

第9条（会社財産の管理等についての善管注意義務）　甲及び乙は、本契約締結日から効力発生日までの間、善良な管理者の注意をもって業務を執行するとともに、財産の管理を行う。

第10条（契約の変更及び解除）　本契約締結日から効力発生日までの間、次の事由が発生したときは、甲乙間で協議の上、本契約の条件を変更し、または本契約を解除することができる。

①　天災地変その他の事情により、甲又は乙の財産に重要な変動が生じたとき

②　甲の財産に本契約の内容に適合しないものがあったとき

第11条（協議事項）　次のいずれかの事由が生じたときは、甲及び乙は誠意をもって協議し、解決を図るものとする。

①　本契約に定めのない問題が発生したとき

②　本契約の解釈について、甲乙間で疑義が生じたとき

第12条（合意管轄）　本契約に関する訴訟については、○○地方裁判所をもって、第一審の専属的合意管轄裁判所とする。

本契約の内容及び成立を証明するため、本書を2通作成し、甲

乙各1通を保有する。

令和○年○月○日

    （甲）　○○県○○市○○町○○丁目○○番○○号

                ○○○○株式会社（分割会社）

                代表取締役　○○○○　㊞

    （乙）　○○県○○市○○町○○丁目○○番○○号

                ○○○○株式会社（承継会社）

                代表取締役　○○○○　㊞

第○号議案　○○株式会社との吸収分割契約締結の件

　議長は、吸収分割によって○○○○○株式会社の○○部門（事業内容、○○の仕入れ）及び○○部門（○○の製造、販売）を承継したい旨を述べ、議場に会社分割契約書を提出した。ついで、議長は○○株式会社と別紙会社分割契約書記載のとおりの契約を締結することにつき、その可否を議場に諮ったところ、出席取締役は全員一致をもってこれを承認可決した。

第○号議案　○○○○株式会社との吸収分割契約承認の件

　議長は、議場に当社と○○○○株式会社との間において令和○○年○月○日付で締結された吸収分割契約に関する会社分割契約書を提出し、令和○○年○月○日付で当社の○○部門（事業内容、○○の仕入れ）及び○○部門（○○の製造、販売）を△△株式会社に分割し、承継させたい旨を述べ、その内容を詳細に説明した。

　ついで、議長は、議場に本会社分割契約書の承認を求めたところ、出席株主の議決権の３分の２以上の賛成を得て、原案どおり承認可決された。

新設分割計画書

　○○○○株式会社（以下「甲」）は、その事業の一部を、新たに設立する××××株式会社（以下「乙」）に承継させるため、会社分割を行うこととし、次のとおり計画する。

第1条（分割により承継する事業）　甲は、次の部門の事業の全てを会社分割によって乙に承継する。
① 　○○部門（事業内容　○○の仕入れ）
② 　××部門（事業内容　××の製造）

第2条（新会社に関する事項）　乙の商号、目的、本店所在地、発行可能株式総数、その他定款で定める事項は、別紙「定款写し」のとおりである。
2　乙の設立時取締役は、次のとおりとする。
取締役　○○○○
取締役　××××

第3条（分割に際して乙が発行する株式）　乙は、本分割に際して、普通株式○○○株を発行する。
2　乙は、本分割によって甲から承継する権利義務の対価として、前項の株式を甲に割当交付する。

第4条（新会社の資本金及び準備金等）　乙の資本金及び資本準備金の額は、次のとおりである。
① 　資本金の額　金○○○○円
② 　資本準備金の額　金××××円
2　乙の利益準備金、資本剰余金、利益剰余金の額はいずれも零とする。

第5条（承継する権利義務等）　乙は、甲の○○部門及び××部門（第1条各号）に関連した資産、債務、契約上の地位その他の権利義務を承継する。承継される権利義務の詳細は、別紙「承継する権利義務目録」記載のとおりである。

2　乙は、〇〇部門及び××部門（第1条各号）に所属する全従業員についての雇用契約及び甲と当該従業員との間に存在するすべての権利義務を承継する。

第6条（分割交付金）　本分割においては、乙は分割交付金の支払いを行わない。

第7条（分割期日）　本分割については、令和〇年〇〇月〇〇日までに、必要な手続きを終了させ、新設分割による設立登記及び変更登記を申請する。

2　甲は、手続上の事由その他必要があるときは、前項の期日を変更することができる。

第8条（競業避止義務）　甲は、本分割の効力発生後、分割によって承継した〇〇部門及び××部門（第1条各号）と競合する事業を行わない。

第9条（計画の変更等）　天災地変その他の事由により、分割によって承継する事業（第1条各号）及びその事業に属する財産に重大な変動が生じたときは、甲は、本計画を変更し、または本分割を中止できる。

2　前項による計画の変更及び中止は、本計画が甲の株主総会で承認された時から分割期日（第7条）の前日まで行うことができる

第10条（本計画に規定のない事項）　本計画に規定のない事項については、甲は、本分割の趣旨に従い、必要な事項を決定することができる。

　上記計画の内容を証明するため、本計画書を作成する。

令和〇年〇〇月〇〇日
　　　　　（甲）　〇〇県〇〇市〇〇町〇〇丁目〇〇番〇〇号
　　　　　　　　　〇〇〇〇株式会社
　　　　　　　　　　　代表取締役　〇〇〇〇　㊞

書式5　新設分割を承認する株主総会議事録例

臨時株主総会議事録

　令和○年○○月○○日午前１０時００分、当会社本店会議室において、臨時株主総会を開催した。

当会社の株主総数	４名
発行済株式総数	１０００株
総株主の議決権の数	１０００個
出席株主数（委任状による出席者を含む）	４名
この持ち株総数	１０００株
この議決権総数	１０００個

　出席取締役　代表取締役　甲野一郎（議長兼議事録作成者）
　　　　　　　取締役　乙山二郎
　　　　　　　取締役　丙山三郎

　上記のとおり、定足数に足る株主の出席があったので、本会は適法に成立した。代表取締役甲野一郎は、議長席につき、議事に入った。

　　　　　　　議案　新設分割計画承認の件
　議長は、ABC商事株式会社を新設し、当社の事業の一部を承継する新設分割について、別紙新設分割計画書のとおり計画が作成されたことを報告した。議長が新設分割の目的、趣旨などを説明し、新設分割計画の承認を求めたところ、出席株主の議決権の３分の２以上の賛成を得て原案どおり承認可決された。

以上で本日の会議が終了し、議長は、午前１１時００分に閉会を宣言した。以上の決議の経過及び結果を明確にするため、本議事録を作成し、議長及び出席取締役が記名押印する。

令和○年○○月○○日
　　　　　　　ＸＹＺ商事株式会社　　臨時株主総会

　　　　　　議長代表取締役　　　甲野一郎　　印

　　　　　出席取締役　　　　乙山二郎　　㊞
　　　　　出席取締役　　　　丙山三郎　　㊞

3 株主に対する対策はどうする

株主向けに作成する書類では、分割計画書（分割契約書）が重要である

会社分割によって株主構成を変えることも可能である

　会社法では、会社分割については、物的分割のみが認められており、人的分割は認められていません。人的分割と物的分割の違いは、承継会社が支払う分割対価を誰が取得するかです。物的分割では、分割会社が分割対価を取得します。一方、人的分割では、分割会社の株主が分割対価を取得します。したがって、物的分割のみが可能な会社法のもとでは、会社分割が行われても分割会社の株主構成がまったく変動しないのが原則ということになります。

　しかし、会社分割と全部取得条項付種類株式を組み合わせれば、分割会社の株主構成を変えることができます。そこで、分割会社の多数派株主が少数派株主を追い出すための手段として利用されます。

　全部取得条項付種類株式は、株主総会の特別決議を条件に、会社がその全部を取得できる株式です。株主総会の特別決議を経れば、特定の株主の意向を無視できるのが特徴です。この全部取得条項付種類株式を活用し、会社分割に伴って分割会社の多数派株主が少数派株主を追い出すための方法の一例は、次のとおりです。

　まず、分割会社は、臨時株主総会を招集し、既存株式とは別の種類の株式を発行できる旨（種類株式発行会社になる旨）の定款変更と、既存株式を全部取得条項付種類株式に変更する旨の定款変更について、どちらも特別決議による承認を得ます。その後、分割会社は、募集株式の発行を行い、その募集株式多数派株主に割り当てます。

　次に、分割会社は、会社分割（ここでは吸収分割とする）を行う旨の特別決議による承認を得ます。その際、分割対価は承継会社の株式

だけとします。さらに、分割会社は、全部取得条項付種類株式を取得する旨の特別決議による承認を得ます。その際、取得対価を会社分割の特別決議で定めた承継会社の株式とし、取得日を会社分割の効力発生日とします。これにより、分割会社は、会社分割の効力発生日に全部取得条項付種類株式を取得します。

　以上の結果、分割会社の株主は多数派株主だけになり、少数派株主は分割会社から追い出されたことになります。ただし、この方法を用いるには、多数派株主だけで特別決議による承認を得られるだけの議決数をそろえておく必要があります。

　なお、分割会社の株式の90％以上を保有している株主（特別支配株主）は、株式等売渡請求の手続きにより、少数派株主の株式全部の買取りもできます。この手続きは分割会社の株主総会決議が不要です。

■ どんな書類が必要になるのか

　会社分割では、株主が意見表明をする上で参考になる書類を会社分割の承認を行う株主総会の前に作成する必要があります。

　会社分割に反対の株主は、会社に株式を買い取るように請求できる権利を持っています。しかし、株主が会社分割に関して正しい情報を持っていないと、会社分割への賛否を決定することができません。そのため、会社は、会社分割を承認する株主総会の前に、株主の意思決定の参考になる書面を作成・開示する必要があるわけです。

　さらに、株主は、会社分割が法律に違反するものである場合に、会社分割の無効確認の裁判を提起する資格もあります。その意味でも、会社は株主に対して、会社分割についての情報を開示する必要があります。

　会社が株主向けに作成する書類でもっとも重要なのは、新設分割では分割計画書（129ページ）、吸収分割では分割契約書（129ページ）です。この２つの書類の記載内容はほとんど同じです。

分割計画書にはどんなことを書くのか

ここでは、分割計画書の記載事項のうち重要なものを紹介します。

① 新設会社の定款と同様の事項

具体的には、商号、目的、本店の所在場所、発行可能株式総数、発行する株式の種類と数などを書きます。

② 設立時の取締役の氏名

設立会社について、最初の取締役を決め、その氏名を記載します。

③ 分割対価に関する事項

株式、社債、新株予約権、新株予約権付社債などを分割対価にできます。新設分割の場合は金銭を分割対価にできません。たとえば、142ページの全部取得条項付種類株式を活用する場合など、株式を分割対価にする場合は、交付する株式数やその算出方法などを記載します。

④ 株式の割当に関する事項

会社法では、物的分割だけが認められているため、分割会社の株主に承継会社の株式を割り当てることは原則としてありません。株式の割当に関する事項を記載するのは、2つ以上の会社が共同して新設分割を行う場合だけです。この場合には、各分割会社にどれだけの株式を割り当てるのかについて記載します。

⑤ 承継される権利義務に関する事項

分割会社から引き継ぐ権利義務を明らかにします。具体的には、引き継ぎの対象となる資産、債権債務、雇用関係、顧客、取引先との契約などを詳細に記載します。

⑥ その他

分割対価として取得した新設会社（新設分割の場合）の株式を分割会社の株主に剰余金として配当ができます。これにより、会社法の下でも人的分割に似たような効果が得られます。会社分割に伴う剰余金の配当は、分配可能額の制限が適用されないのがポイントです。

4 従業員に対する対策はどうする

分割会社の従業員の労働契約がそのまま引き継がれる場合がある

従業員の扱いはどうなるのか

　会社分割に伴い、分割会社の従業員の雇用関係がどうなるかは、労働契約承継法（会社分割に伴う労働契約の承継等に関する法律）に規定があります。会社と従業員との間の労働契約は、労働者の承諾を得ないで、第三者に移転できないのが原則です。しかし、会社分割の場合は、労働契約承継法によって、この原則が修正されています。

① 主従事労働者の場合

　主従事労働者（分割の対象になる事業に主に従事している労働者）については、その承諾を得なくとも、分割会社との間の労働契約が承継会社等（承継会社や新設会社）に引き継がれるのが原則です。このように会社と従業員との間の労働契約が、他の会社にそのまま引き継がれることを俗に移籍と呼びます。移籍する従業員は解雇扱いにならないため、退職金を支払う必要がありません。

　主従事労働者は、分割契約等（吸収分割契約や新設分割計画）において労働契約が承継会社等（承継会社や新設会社）に引き継がれないとの定めがある場合に、分割会社が定める日（通知期限日の翌日から株主総会の前日までの範囲内で指定）に異議の申し出ができます。異議を申し出れば、承継会社等への移籍の効果が生じます。

② 従従事労働者や不従事労働者の場合

　従従事労働者（分割される事業に主に従事していない労働者）および不従事労働者（分割される事業に従事していない労働者）は、分割契約等において労働契約が承継会社等に引き継がれるとの定めがある場合に、分割会社が定める日までに異議の申し出ができます。異議を

申し出れば、承継会社等への移籍の効果は生じません。

▌労働者との協議・労働者や労働組合への通知

　分割会社は、主従事労働者と移籍の対象になる従従事労働者・非従事労働者に対し、通知期限日（株主総会の2週間前の日の前日）までに、所定の事項を書面で通知することが必要です。具体的には、異議申し出の期限日・方法、承継会社等の名称・住所・事業内容、移籍に伴い労働条件が維持されることなどを通知します。この通知は、分割会社が労働協約を締結している労働組合にも行うことが必要です。

　また、上記の通知をする前に、分割会社は、主従事労働者、従従事労働者、移籍の対象になる不従事労働者との間で、労働契約の承継に関して協議を行っておくことも必要です。

▌分割会社から承継会社等への出向の方法によることもできる

　会社分割に際しては、従業員を移籍させず、承継会社等に出向させる方法をとることもできます。特に新設分割の場合、移籍よりも出向扱いを希望する従業員が多いかもしれません。なお、出向扱いとする場合も上記の通知や協議の手続きを行うことは必要です。

▌従業員の引き継ぎと退職金の支払回避がメリット

　会社分割は、特に債務超過状態の分割会社が、不採算事業を売却する場合に効果を発揮します。事業を買い受ける承継会社等は、その事業のために従業員を雇うことになります。経験者を雇うほうが合理的ですが、分割会社が従業員を解雇して退職金を支払った後にその従業員を再度雇うのは、極めて効率が悪いです。会社分割を利用すれば、分割会社の従業員の労働契約をそのまま引き継ぐことが可能です。これが承継会社等から見たメリットです。また、退職金の支払いを回避できるのが、分割会社から見たメリットです。

5 会社分割の登記について知っておこう

登記手続きのしくみや考え方は、合併の場合とほとんど同じである

吸収分割の登記手続きにはどんな特徴があるか

　吸収分割では、分割会社についての変更登記と承継会社の変更登記をセットにして申請（同時申請）する点が特徴です。申請書の提出先は、承継会社の本店所在地を管轄する登記所です。

　分割会社についての登記は、承継会社の本店所在地を管轄する登記所を経由した申請（経由申請）となる場合が多いようです。承継会社の本店所在地を管轄する登記所と分割会社の本店所在地を管轄する登記所が異なる場合には経由申請として処理されるからです。経由申請の場合に、登記所が行う事務処理は、吸収合併の場合とほとんど同じです。

吸収分割の登記手続き（承継会社）について

　吸収分割を行った場合、承継会社については変更登記を申請します。

・申請書（書式6）作成の際の注意点

　登記の事由には、「吸収分割による変更」と記載します。

　登記すべき事項（書式7）は、吸収分割をした旨及び分割会社の商号、本店、変更年月日を記載します。たとえば、「令和○年○月○日○県○市○町○丁目○番○号株式会社○○○○から分割」と記載します。

　また、会社分割に伴って、新株発行を行い発行済株式総数や資本金の額が増加した場合には、それに関連した変更事項を記載します。さらに、社名（商号）の変更や、役員の選任などを行った場合にも商号変更や役員変更に関する事項を記載します。

　課税標準金額は、会社分割によって増加した資本金の額を記載します。

　登録免許税額は、増加した資本金の額に1000分の7を掛けた額が登

録免許税額になります。ただし、この計算によって算出した額が3万円未満の場合は3万円が登録免許税額になります。さらに、分割にあわせて役員を増員した場合、役員変更の登記についてさらに3万円（資本金が1億円以下では1万円）が必要になります。さらに商号変更なども行えば、その変更登記分の3万円が加算されます。

① 吸収分割契約書（書式1）

② 承継会社、分割会社それぞれの株主総会議事録

分割会社と承継会社の双方の株主総会の特別決議によって分割が承認されたことを示す**株主総会議事録（書式3）**を添付します。略式分割や簡易分割の場合には、株主総会議事録に代えて、それぞれの要件を満たすことを証する書面や**取締役会議事録（書式2）**を添付します。

③ 株主の氏名又は名称、住所及び議決権数等を証する書面（株主リスト）（書式8）

株主総会議事録の真実性を担保するために添付します。

④ 承継会社、分割会社それぞれについて債権者保護手続きを行ったことを証する書面

承継会社については、常に債権者保護手続きが必要ですので添付することになります。具体的には、公告をしたことを証する書面（156ページ**参考書式**参照）や催告をしたことを証する書面（書式9）などです。また、異議を述べた債権者に対して弁済等をした場合は弁済等を証する書面（書式10）なども添付書面となります。原則として官報によって公告をし、かつ、知れたる債権者（会社が存在を把握している債権者のこと）には格別の催告をしなければなりませんので公告をしたことを証する書面と催告をしたことを証する書面を添付する必要があります。しかし、公告を官報で行い、その上定款の定めに従い日刊新聞紙（時事に関する事項を掲載するもの）または電子公告により公告をした場合は個別の催告は省略できるので催告を証する書面の添付は不要です。

公告や催告をした結果、異議を述べた債権者がおり、その者に弁済

や担保を提供した場合はそれを証する書面を添付し、たとえ異議を述べた債権者がいても、その債権者を害さない場合は害するおそれがないことを証する書面を添付します。逆に異議を述べた債権者がいなかった場合は申請書に「異議を述べた債権者はいない」と記載するか、異議を述べた債権者がいなかった旨の上申書を添付します。

　分割会社については、分割に異議を述べることができる債権者が存在しない場合には債権者保護手続きを省略できます。したがって、この場合には、債権者保護手続きを行ったことを証する書面は添付不要です。

⑤　**資本金の額の計上に関する証明書**

　計上する資本金の額が法律上適法であることを証明するために添付します。

⑥　**分割会社の登記事項証明書（作成後３か月以内のもの）**

　承継会社の本店所在地を管轄する登記所と分割会社の本店所在地を管轄する登記所が異なる場合に添付します。ただし、登記申請書に会社法人等番号を記載すれば添付は省略できます。

⑦　**新株予約権証券提供公告をしたことを証する書面**

　分割会社が新株予約権を発行している場合で、分割会社の新株予約権の代わりに承継会社の新株予約権を交付するときに必要です。新株予約権証券を発行していなかった場合はそれを証する書面を添付します。

⑧　**委任状**

　司法書士などの代理人によって登記を申請する場合に添付します。

吸収分割の登記手続き（分割会社）について

　吸収分割を行った場合、分割会社については変更登記を申請します。

・**申請書作成の際の注意点**

　登記の事由は、「吸収分割による変更」と記載します。登記すべき事項は、分割した旨、承継会社の商号、本店、変更年月日を記載します。たとえば「令和○年○月○日○県○市○町○丁目○番○号株式会社○

○○○に分割」とします。登録免許税は、1件について3万円です。

・添付書類

申請の際には、以下の添付書類を提出します。

① 印鑑証明書（作成後3か月以内のもの）

承継会社の本店所在地を管轄する登記所と分割会社の本店所在地を管轄する登記所が異なるときに添付します。分割会社の本店所在地を管轄する登記所で作成された代表取締役（指名委員会等設置会社では代表執行役）の印鑑証明書です。

② 委任状

司法書士などの代理人によって登記を申請する場合に添付します。

新設分割の登記手続きにはどんな特徴があるのか

新設分割では、分割会社についての変更登記と設立会社の設立登記をセットにして申請（同時申請）する点が特徴です。申請書の提出先は、設立会社の本店所在地を管轄する登記所です。

また、分割会社に関する登記は、設立会社の本店所在地を管轄する登記所を経由して申請する場合がある点も吸収分割の場合と変わりません。

吸収分割では承継会社について変更登記を申請しますが、新設分割では設立会社の設立登記を申請する点がポイントです。

新設分割の登記手続き（設立会社）について

新設分割を行った場合、設立会社については設立登記を申請します。

・申請書（書式12）作成の際の注意点

登記の事由は、「令和○年○月○日新設分割による設立手続終了」と記載します。登記すべき事項（書式13）は、通常の設立登記と同じ登記事項を記載します。その他に、新設分割特有の記載事項として、分割した旨、新設分割会社の商号、本店を記載します。ただし、実務上は「登記すべき事項」の欄には「別紙のとおり」「別添CD-Rのとお

り」とだけ記載します。そして、Ａ４の用紙やCD-Rなどに登記すべき事項を記載（記録）して申請書類と一緒に提出します。

　課税標準金額は、設立会社の資本金の額を記載します。登録免許税額は、吸収分割における承継会社の場合（148ページ）と同様です。

・添付書類

　申請の際には、一般的に以下の添付書類を提出します。

① 　新設分割計画書（書式４）

② 　定款

　新しく会社を設立するので定款を添付します。

③ 　株主総会議事録（書式５）

　分割会社において、会社分割を承認した株主総会議事録を添付します。簡易分割の場合には、吸収分割における承継会社の場合（148ページ）と同様です。

④ 　株主の氏名または名称、住所及び議決権数等を証する書面（株主リスト）（書式８）

　株主総会議事録の真実性を担保するために添付します。

⑤ 　設立時役員の選任に関する書面

　設立時取締役、監査役、代表取締役などを選任・選定したことを証する書面と就任承諾書を添付します。

⑥ 　債権者保護手続きを行ったことを証する書面

　分割会社について債権者保護手続きを行った場合に添付します。

⑦ 　資本金の額の計上に関する証明書

　計上する資本金の額が法律上適法であることを証明するために添付します。

⑧ 　分割会社の登記事項証明書（作成後３か月以内のもの）

　設立会社の本店所在地を管轄する登記所と分割会社の本店所在地を管轄する登記所が異なる場合に添付します。また、会社法人等番号を申請書に記載した場合、添付を省略することが可能です。

⑨ **新株予約権証券提供公告をしたことを証する書面**

分割会社が新株予約権を発行している場合で、分割会社の新株予約権の代わりに設立会社の新株予約権を交付するときに必要です。また、新株予約権証券を発行していなかった場合はそれを証する書面を添付します。

⑩ **印鑑証明書**

設立時取締役（取締役会設置会社の場合は設立時代表取締役）の就任承諾書に押印した印鑑について市区町村発行の印鑑証明書を添付します。

⑪ **本人確認証明書**

役員となる者の住民票の写しや運転免許所の写し等を添付します。ただし、上記⑩の印鑑証明書を添付した者に関しては不要です。

⑫ **委任状**

司法書士などの代理人によって登記を申請する場合に添付します。

新設分割の登記手続き（分割会社）について

新設分割を行った場合、分割会社については変更登記を申請します。

・申請書（書式14）作成の際の注意点

登記の事由は、「新設分割による変更」と記載します。

登記すべき事項は、分割した旨、設立会社の商号、本店を記載します。たとえば「令和○年○月○日○県○市○町○丁目○番○号株式会社○○○○に分割」とします。登録免許税は、1件について3万円です。

・添付書類

申請の際には、以下の添付書類を提出します。

① **印鑑証明書（作成後3か月以内のもの）**

設立会社の本店所在地を管轄する登記所と分割会社の本店所在地を管轄する登記所が異なる場合に添付します。

② **委任状**

司法書士などの代理人によって登記を申請する場合に添付します。

書式6　登記申請書（吸収分割承継会社）

吸収分割による株式会社変更登記申請書

1．会社法人等番号　　　〇〇〇〇－〇〇－〇〇〇〇〇〇
1．商　　　　　号　　　ABC商事株式会社
　　　　　　　　　　　（フリガナ　エービーシーショウジ）
1．本　　　　　店　　　東京都千代田区飯田橋一丁目1番1号
1．登 記 の 事 由　　　吸収分割による変更
1．登記すべき事項　　　別添CD-Rのとおり
1．課税標準金額　　　　金1000万円
1．登録免許税額　　　　金7万円
1．添 付 書 類

　　　吸収分割契約書　　　　　　　　　　　　　　　　　1通
　　　株主総会議事録　　　　　　　　　　　　　　　　　2通
　　　株主の氏名又は名称、住所及び議決権数等を面
　　　証する書（株主リスト）　　　　　　　　　　　　　1通
　　　官報及び日刊新聞紙で公告したことを証する書面　　4通
　　　異議を述べた債権者に担保を提供したことを
　　　証する書面　　　　　　　　　　　　　　　　　　　1通
　　　資本金の額の計上に関する証明書　　　　　　　　　1通
　　　分割会社の登記事項証明書　　　　　　　　　　　　1通
　　　委任状　　　　　　　　　　　　　　　　　　　　　1通

　上記のとおり、登記の申請をします。

令和3年8月30日
　　　東京都千代田区飯田橋一丁目1番1号
　　　申請人　　　ABC商事株式会社
　　　東京都中野区中野一丁目1番1号
　　　代表取締役　　　甲野　太郎
　　　東京都新宿区高田馬場一丁目1番1号
　　　上記代理人　司法書士　戊野　五郎　㊞
　　　連絡先の電話番号　03－〇〇〇〇－〇〇〇〇
東京法務局　御中

> 登記申請を司法書士に委任している場合、申請人である会社の印鑑は不要。

「発行済株式の総数」１５００株

「原因年月日」令和３年８月２４日変更

「資本金の額」金８０００万円

「原因年月日」令和３年８月２４日変更

「登記記録に関する事項」

　令和３年８月２４日東京都新宿区四谷１丁目１番１号ＸＹＺ商
事株式会社から分割

証　明　書

　令和○年○月○日付け定時（臨時）株主総会の各議案につき、総議決権数（各議案につき、議決権を行使することができる全ての株主の有する議決権の数の合計をいう。以下同じ。）に対する株主の有する議決権（各議案につき議決権を行使できるものに限る。以下同じ。）の数の割合が高いことにおいて上位となる株主であって、次の①と②の人数のうち少ない方の人数の株主の氏名又は名称及び住所、当該株主のそれぞれが有する株式の数（種類株主総会の決議を要する場合にあっては、その種類の株式の数）及び議決権の数並びに当該株主のそれぞれが有する議決権の数に係る当該割合は、次のとおりであることを証明する。

　なお、各議案につき、総議決権数に対する株主の有する議決権に変更はない。

①　10名

②　その有する議決権の数の割合をその割合の多い順に順次加算し、その加算した割合が3分の2に達するまでの人数

	氏名又は名称	住所	株式数（株）	議決権数	議決権数の割合
1	○○○○	東京都新宿区 ××一丁目1番2号	100	100	50.0%
2	××××	大阪市中央区 ××二丁目2番3号	60	60	30.0%
		合計	160		80.0%
		総議決権数	200		

令和○年○月○日

東京都○○区○○○一丁目○番○号
○○○○株式会社

代表取締役　　　○○　○○

会社分割公告

　ＸＹＺ商事株式会社（甲）の営む△△部門及び□□部門に関連した資産、債務、契約上の地位等の権利義務をＡＢＣ商事株式会社（乙）に承継する吸収分割をすることにいたしました。

　両社の株主総会の承認決議は令和○年○月○日に終了しており、効力発生日は令和○年○月○日です。

　この分割に対し異議のある債権者は、本公告掲載の翌日から１か月以内にお申し出ください。

　なお、最終貸借対照表の開示状況は次のとおりです。

　（甲）　掲載紙　官報
　　　　　掲載の日付　令和○年○月○日
　　　　　掲載頁○○頁
　（乙）　掲載紙　官報
　　　　　掲載の日付　令和○年○月○日
　　　　　掲載頁　○○頁

令和○年○月○日

　　　　　　　　　　　　東京都新宿区四谷一丁目１番１号
　　　　　　　　　　　　（甲）ＸＹＺ商事株式会社
　　　　　　　　　　　　　　代表取締役　乙野次郎

　　　　　　　　　　　　東京都千代田区飯田橋一丁目１番１号
　　　　　　　　　　　　（乙）ＡＢＣ商事株式会社
　　　　　　　　　　　　　　代表取締役　甲野太郎

　一般的には上記の内容を官報または日刊新聞紙に掲載し公告します。
　公告をしたことを証する書面とはこの内容が載っている官報又は日刊新聞紙そのものです。ただし、日付とページ数がわかれば掲載されている部分のみでもかまいません。また、「原本と相違ない。」という文言と本店住所、会社名、代表取締役の氏名を記載し押印をすれば官報や日刊新聞紙のコピーでもかまいません。

🖊 書式9 催告をしたことを証する書面

催告書

　拝啓　ますますご清祥の段、心からお喜び申し上げます。

　さて、当会社は、令和○年○月○日開催の株主総会において、東京都新宿区四谷一丁目1番1号ＸＹＺ商事株式会社の営む△△部門及び□□部門に関連した資産、債務、契約上の地位等の権利義務を承継する吸収分割をすることを決議しました。上記に対し御異議がございましたら、令和○年○月○日までにその旨をお申し出下さい。以上会社法の規定により催告いたします。

　なお、最終貸借対照表の開示状況は次のとおりです。

　　ＸＹＺ商事株式会社
　　　掲載紙　官報
　　　掲載の日付　令和○年○月○日
　　　掲載　頁○○頁
　　ＡＢＣ商事株式会社
　　　掲載紙　官報
　　　掲載の日付　令和○年○月○日
　　　掲載頁　○○頁

敬具

令和○年○月○日

東京都千代田区飯田橋一丁目1番1号
ＡＢＣ商事株式会社
代表取締役　甲野太郎　㊞

債権者各位

　　　　　　　上記のとおり債権者へ催告しました。

※　　令和○年○月○日

東京都千代田区飯田橋一丁目1番1号
ＡＢＣ商事株式会社
代表取締役　甲野　太郎　㊞

　上記催告書の控えの末尾に※の内容を奥書きした書類を添付します。
　債権者が多数であって、催告書が同じ文であるときは、債権者名簿を合わせてとじて、その末尾に※の内容を奥書した書類を添付すれば足ります。

領収書

一金○円也　ただし、○○の売掛代金

　貴社と東京都新宿区四谷一丁目１番１号ＸＹＺ商事株式会社の吸収分割につき令和○年○月○日異議あることを申し出ましたところ、本日上記金額の弁済を受け受領いたしました。

令和○年○月○日

　　　　　　　　　　　　　　　　　　　　○県○市○町○番○号
　　　　　　　　　　　　　　　　　　　　　　○○○○印

　東京都千代田区飯田橋一丁目１番１号
　ＡＢＣ商事株式会社
　代表取締役　甲野太郎　殿

書式11　登記申請書（吸収分割会社）

吸収分割による株式会社変更登記申請書

1．会社法人等番号　　〇〇〇〇－〇〇－〇〇〇〇〇〇
1．商　　　　　号　　XYZ商事株式会社
1．本　　　　　店　　東京都新宿区四谷1丁目1番1号
1．登 記 の 事 由　　吸収分割による変更
1．登記すべき事項　　令和3年8月24日東京都千代田飯田橋
　　　　　　　　　　　一丁目1番1号ABC商事株式会社に分割
1．登 録 免 許 税　　金3万円
1．添 付 書 類

　　　　　　　　　　印鑑証明書　　　1通
　　　　　　　　　　委任状　　　　　1通

上記のとおり、登記の申請をします。

令和3年8月30日
　　　東京都新宿区四谷一丁目1番1号
　　　申請人　　XYZ商事株式会社
　　　東京都台東区浅草一丁目1番1号
　　　代表取締役　乙野　次郎 ────┐
　　　東京都新宿区高田馬場一丁目1番1号
　　　上記代理人　司法書士　　戊野　五郎　㊞
　　　連絡先の電話番号　03－〇〇〇〇－〇〇〇〇

> 登記申請を司法書士に委任している場合、申請人である会社の印鑑は不要。

　東京法務局　新宿　出張所　御中

書式12　登記申請書（新設分割設立会社）

新設分割による株式会社設立登記申請書

1．商　　　　　号　　ABC商事株式会社
　　　　　　　　　　　（フリガナ　エービーシーショウジ）

1．本　　　　　店　　東京都千代田区飯田橋１丁目１番１号

1．登 記 の 事 由　　令和３年８月２４日新設分割による設立
　　　　　　　　　　　手続終了

1．登記すべき事項　　別添CD-Rのとおり

1．課 税 標 準 金 額　　金１０００万円

1．登 録 免 許 税 額　　金７万円

1．添 付 書 類

　　　新設分割計画書　　　　　　　　　　　　　　　　１通
　　　定款　　　　　　　　　　　　　　　　　　　　　１通
　　　簡易分割の要件を満たすことを証する書面　　　　１通
　　　取締役の過半数の一致を証する書面　　　　　　　１通
　　　官報及び日刊新聞紙で公告したことを証する書面　２通
　　　異議を述べた債権者はいないことの上申書　　　　１通
　　　資本金の額の計上に関する証明書　　　　　　　　１通
　　　分割会社の登記事項証明書　　　　　　　　　　　１通
　　　設立時取締役の就任承諾書　　　　　　　　　　　２通
　　　設立時取締役が設立時代表取締役を選定したことを
　　　証する書面　　　　　　　　　　　　　　　　　　１通
　　　設立時代表取締役の就任承諾書　　　　　　　　　１通
　　　印鑑証明書　　　　　　　　　　　　　　　　　　２通
　　　委任状　　　　　　　　　　　　　　　　　　　　１通

上記のとおり登記の申請をします。

令和3年8月30日
　　　　東京都千代田区飯田橋1丁目1番1号
　　　　申請人　　ABC商事株式会社
　　　　東京都中野区中野1丁目1番1号
　　　　代表取締役　甲野　太郎
　　　　東京都新宿区高田馬場1丁目1番1号
　　　　上記代理人　司法書士　戊野　五郎　㊞
　　　　連絡先の電話番号　０３－○○○○－○○○○

　　東京法務局　御中

登記申請を司法書士に委任
している場合、申請人であ
る会社の印鑑は不要。

「商号」ＡＢＣ商事株式会社

「本店」東京都千代田区飯田橋１丁目１番１号

「公告する方法」官報に掲載してする

「目的」

1．各種イベントの企画、制作

2．映画、テレビ、ポスターの企画

3．公告、宣伝の企画制作及び代理業務

4．前各号に付帯する一切の業務

「発行可能株式総数」１０００株

「発行済株式の総数」５００株

「資本金の額」金１０００万円

「株式の譲渡制限に関する規定」

当会社の株式を譲渡するには、株主総会の承認を受けなければならない

「役員に関する事項」

「資格」取締役

「氏名」甲野太郎

「役員に関する事項」

「資格」取締役

「氏名」丙野三郎

「役員に関する事項」

「資格」代表取締役

「住所」東京都中野区中野１丁目１番１号

「氏名」甲野太郎

「登記記録に関する事項」東京都新宿区四谷１丁目１番１号ＸＹＺ商事株式会社から分割により設立

新設分割による株式会社変更登記申請書

1. 会社法人等番号　　○○○○－○○－○○○○○○
1. 商　　　　　号　　XYZ商事株式会社
　　　　フ　リ　ガ　ナ　　エックスワイゼットショウジ
1. 本　　　　　店　　東京都新宿区四谷一丁目1番1号
1. 登記の事由　　　　新設分割による変更
1. 登記すべき事項　　令和3年8月30日東京都千代田区飯田橋
　　　　　　　　　　　一丁目1番1号ABC商事株式会社に分割
1. 登録免許税　　　　金3万円
1. 添　付　書　類
　　印鑑証明書　　　　　　　　　　　　　　　　　　　　1通
　　委任状　　　　　　　　　　　　　　　　　　　　　　1通

　上記のとおり登記の申請をします。

令和3年8月30日
　　　　東京都新宿区四谷一丁目1番1号
　　　　申請人　　　XYZ商事株式会社
　　　　東京都台東区浅草一丁目1番1号
　　　　代表取締役　乙野　次郎
　　　　東京都新宿区高田馬場一丁目1番1号
　　　　上記代理人　司法書士　戊野　五郎　㊞
　　　　連絡先の電話番号　03－○○○○－○○○○

> 登記申請を司法書士に委任している場合、申請人である会社の印鑑は不要。

　東京法務局　新宿　出張所　御中

債権者に対する対策はどうする

分割会社の債権者については催告・公告が不要な場合もある

どのような債権者保護規定があるのか

　会社分割では、会社の資産が外部に流出して、債権者が自己の債権を回収できなくなるおそれがあります。そのため会社法は、債権者を保護するための規定を設けています。具体的には、会社分割に異議のある債権者に対しては、会社は、債務の弁済、担保提供、相当の財産の信託などを行う必要があります。また、会社分割に異議のある債権者は、会社分割が法律違反である場合に、会社分割無効確認の裁判を起こす資格が与えられています。承継会社の債権者は、吸収分割について、常に異議を述べることができます。その点は、吸収合併の存続会社の債権者と同じです。しかし、分割会社の債権者が異議を述べることができるのは、次の2つの場合に限られます。

① **分割対価である承継会社の株式を剰余金の配当や全部取得条項付種類株式の取得対価として分割会社の株主に交付する場合**

　この場合は、分割会社の責任財産（強制執行の対象となる財産）が減るため、分割会社の債権者の全員が異議を述べることができます。

② **債権者が分割会社に対して債務の履行を請求できなくなる場合**

　会社分割によって、分割会社の債務が承継会社に引き継がれることは、債権者から見ると一方的な債務者の変更に他なりません。

　もし債務を弁済する資力のない債務者に債務が引き継がれると、債権者は債権を回収できなくなります。そのため、会社分割によって分割会社に債務の履行を請求できなくなる債権者は異議を述べることができます。反対に、会社分割後にも分割会社に債務の履行を請求できる債権者は異議を述べることはできません。

債権者向けにはどんな書類を作成するのか

　会社分割にあたって、債権者向けに作成する書類は、株主向けの書類とほとんど同じです。具体的には、株主総会を基準に、事前開示と事後開示の書面を作成します。事前開示書面の中心は、新設分割計画書と会社分割契約書です。一方、事後開示書面には、分割会社が引き継いだ権利義務、反対株主の株式買取請求や異議を述べた債権者にどんな対応したかなどを記載します。事前開示書面は、株主総会の2週間前の日など、会社法所定の日から、会社分割の効力発生後6か月間、本店に備え置く必要があります。また、事後開示書面は会社分割の効力が発生してから6か月間、本店に備え置く必要があります。

催告・公告を省略できる場合がある

　承継会社の債権者は、常に会社分割に異議を述べることができます。そこで、承継会社は、債権者に異議を述べる機会を与えるために、催告・公告を行う決まりになっています。債権者への公告は、官報によって行い、名前を知っている債権者に対しては個別に催告を行います。なお、官報による公告以外に、定款で定めた日刊新聞または電子公告を行う場合には、債権者への個別の催告を省略できます。

　これに対し、分割会社の債権者に対しては異議を述べる機会を与える必要があるのは、前述した①②の2つの場合に限定されます。したがって、分割会社の債権者の全員が異議を述べることができない場合には、債権者への催告と公告の省略が可能です。

公告・催告をしないとどうなるか

　債権者に個別の催告を行うと債権者から異議が出て、弁済や担保提供を迫られるおそれがあります。特に事業資金を借りている銀行に催告を行えば、即返済を求められる可能性もあります。

　もっとも、分割会社において、分割に異議を述べることができない

債権者には各別の催告が不要です。また、各別の催告が必要なケースでも、官報による公告に加えて、日刊新聞や電子公告を行えば各別の催告は省略できます。つまり、会社法上は、債権者である銀行への個別の催告を省略できる場合があります。ただし、これは会社法の規定通りの処理にすぎず、現実問題として、銀行に催告を行わずに会社分割を行うと、後で銀行との関係が悪化する可能性があります。

　ところで、もし異議を述べられる債権者がいるのに分割会社が催告や公告を行わないと、どうなるのでしょうか。この場合は、必要な手続きを怠ったとして会社分割が無効になる可能性があります。会社分割の無効を主張するためには裁判を起こす必要がありますが、会社分割に異議を述べることができ、かつ会社分割を承認しなかった債権者は、この裁判の申立資格が与えられています。

　さらに、各別の催告を受けるべき債権者が催告を受けなかった場合には、吸収分割契約や新設分割計画の定めにより債務を負担しないことが定められた会社に対しても、その会社が会社分割の効力が生じる日に有した財産の価額（その会社が承継会社であるときは承継した財産の価額）を限度として、その債務の履行の請求ができます。

▌銀行にはどこまで配慮する必要があるか

　会社分割をする会社が債権者保護手続き（催告など）を行う必要があるのは、債権者が会社財産を返済の原資にしているからです。しかし、特に中小企業については、債権者である銀行が代表者（代表取締役）の個人保証を得ているケースが大半です。つまり、中小企業の代表者は、銀行に対して無限責任を負っています。このような事情をふまえると、あえて銀行に催告しなくてもよいようにも思われますが、銀行への催告を省略して会社分割を行えば、銀行との関係が悪化するリスクがあります。無催告で会社分割を行う場合は、弁護士などの法律家の専門家に相談して慎重に判断するほうがよいでしょう。

7 税制適格分割について知っておこう

合併のときと同様、グループ内と共同事業目的の場合に認められる

税制適格分割をするには

　会社を分割する場合、原則として、資産の継承時には帳簿価格から時価に置き直すことになっています。したがって、分割会社には、合併会社と同じく、資産等を譲り渡した際に譲渡損益が発生し、それは課税対象になります。しかし、一定の条件をクリアした場合は、税制適格分割となり、帳簿価格のままでの譲渡が認められます。税制適格分割が認められる条件は、税制適格合併と同じで、以下のどちらかのケースにあてはまることです（99、100ページ）。

① 企業グループ内で分割する

② 共同事業を行うために分割する

　企業グループ内での分割が認められる要件は、合併の時と同様、会社分割はあくまで事業の効率化を進めるための形式であって、事業を行う上での実体としては従来と何も変わらない場合ということになります。

　具体的には、共通要件として、分割の対価として承継会社または承継親会社のいずれか一方の株式以外の資産が交付されないこと（株式対価要件）が必要です。なお、分割型分割（承継会社の株式が最終的に分割会社の株主に交付される分割）の場合には、承継会社等の株式を分割会社の株主の出資比率に応じて交付する（按分型）ことが必要です。

　その上で、100％持株関係企業グループ内の分割の場合には、今後も完全支配関係が継続することが見込まれることが必要になります。

　50％超100％未満の持株関係企業グループ内の分割の場合には、今後も支配関係が継続することが見込まれることに加えて、以下の3つの要件を満たすことが必要です。

・分割会社の分割事業に関係する主要な資産等が承継会社に移転していること（資産引継要件）
・分割会社の分割事業に従事していた従業員のおおむね80％が承継会社の業務に従事することが見込まれていること（従業者引継要件）
・分割会社の主要な分割事業が承継会社で継続して行われることが見込まれていること（事業継続要件）

　一方、共同事業を行うための分割が認められる要件は、事業分割によって、効率的な事業再編が実現できると期待される場合です。具体的には、グループ内の分割の場合で要件として挙げられた共通要件を満たした上で、以下のすべてを満たすことが必要です。

・分割会社の分割事業と承継会社の承継事業が相互に関連するものであること（事業関連性要件）
・分割会社の分割事業と承継会社の承継事業のそれぞれの売上高、従業員数等の事業規模がおおむね５倍を超えないこと、または、分割前の分割会社の役員のいずれかの者と承継会社の特定役員（役員のうち常務クラス以上の役員）のいずれかの者とが分割後に承継会社の特定役員となることが見込まれていること（事業規模要件または役員継続要件）
・分割会社の分割事業に関係する主要な資産等が承継会社に移転していること（資産引継要件）
・分割会社の分割事業に従事していた従業員のおおむね80％が承継会社の業務に従事することが見込まれていること（従業者引継要件）
・分割会社の分割事業が承継会社で継続して行われることが見込まれていること（事業継続要件）
・承継会社の株式が分割会社によって継続して保有されることが見込まれていること（株式継続保有要件）

　ただし、分割型分割であり、かつ、分割会社の株主等の数が50人以上である場合には、最後の要件は不要です。

第6章

株式売却・株式交換・新株発行のしくみと手続き

1 株式売却について知っておこう

株式売却の特徴は他の企業再編と比較して手続きが簡単なこと

株式売却とは

　株主が保有しているある会社の株式を他人に譲渡することを株式譲渡といい、このうち譲渡対価が発生する株式譲渡のこと**株式売却**といいます。そして、事業再編における株式売却とは、会社の支配権を移転することや、投資した資本を回収することを目的として、株式を売却することを指します。

　会社が行う株式売却には、自社が保有している他社の株式を売却するケースと、経営者（オーナー）が自ら保有している自社の株式を売却し、かつ経営権も手放すケース（会社売却）があります。

　本書では、後者の会社売却を想定して、以下見ていきましょう。

　会社の一つの事業や部門を売却する事業譲渡と異なり、会社の経営体制そのものを売却するのが会社売却の特徴です。たとえば、ある会社の発行済み株式の全部を売却することは、会社売却を意味します。

　会社売却によって、それまでの経営者は会社とは基本的に無関係になりますので、それまでの経営者にとっては、会社を清算するのと同じ気持ちになるでしょう。ただ、会社は引き続き存続しますし、それまでの経営者は会社売却によって利益を得ることもできます。

　最近の中小企業の廃業の大きな原因のひとつは、後継者不足です。廃業の理由が後継者不足の場合は、廃業の他に会社売却を考えてみるのもよいでしょう。また、資金不足により廃業しても経営者が自己破産するしか道がないような場合は、自己破産を回避するため、専門家に相談して会社売却を検討することが必要になるでしょう。

株式売却の特徴

株式売却の特徴は、合併などと比較して手続きが簡単なことです。そのため、事業再編の実務では、会社売却の手法として株式売却が多用されています。もし、ある会社を完全に支配するために合併の手法を用いる場合、原則として株主総会の特別決議（14ページ）による承認を経る必要があり、手続きが面倒です。さらに、合併に反対する株主からの株式買取請求への対応や、債権者保護手続きも必要です。しかし、株式売却であれば、株主との間で売買契約を締結し、代金を支払い、株主名簿の名義書換えを経ることで、手続きが完了するのが原則です。

どんなデメリットがあるのか

株式を買い受ける側にとって、株式売却の手法には、以下の2つのデメリットがあります。

① **一部の株主が株式売却に反対すると会社支配が不完全になる**

吸収合併の場合は、一部の株主が反対しても、株主総会の特別決議による承認を経れば、会社支配の目的を達成できます。一方、株式売却の場合は、株式の売買契約であるため、株主全員との間で売買契約を成立させなければ、株式全部の取得ができず、会社支配が不完全となります。もっとも、株式全部を取得しなくても、議決権の過半数の株式を取得できれば、会社の支配権をほぼ手中に収めることができます。議決権の過半数を保有していれば、自らの意思だけで普通決議を通すことができるところ、特に普通決議事項である取締役の選任・解任が自らの意思だけで可能になるからです。

② **大規模な会社を買収する場合などに多額の資金が必要になる**

株式売却は、株式を取得する対価として金銭を交付する手法であるため、このようなデメリットが生じます。

株式売却と株式交換を上手に併用するには

　株式売却のデメリットは、一部の株主が売却に反対している場合に会社の完全支配を達成できなくなる点や、株式売却に多額の資金が必要になるケースがあるという点です。

　株式売却が持つそれらのデメリットを軽減するには、株式売却と株式交換を併用するとよいでしょう。

　株式交換は、原則として株主総会の特別決議による承認を経ることで、相手会社の株式を100％取得して、相手会社を完全子会社にすることができる制度です。つまり、株式交換を活用すれば、一部の株主が株式売却に反対していても、相手会社の完全支配が可能になるのです。しかも、株式交換は、相手会社の株式を取得するにあたって、自社の株式を交付すればよいので、買収資金が要りません。

　したがって、ある会社を株式取得により完全買収する場合には、株式売却の方法で議決権の3分の2まで株式を取得した後、株主総会の特別決議など、株式交換の手続きを行うとよいでしょう。

　ただし、議決権の3分の2の株式を取得するだけの資金を用意できないケースもあると思います。その場合は、相手会社の株主を説得することで、相手会社の株主総会において議決権の3分の2以上の賛成票を獲得することをめざします。具体的には、相手会社の株主に対して、株式交換によって付与される自社の株式が魅力的であることをアピールして、特別決議の成立を促します。

　ただ、株式交換の方法を利用する場合は、買収会社と買収される相手会社の経営陣同士の間で、株式交換に関する合意が整っていることが前提となります。

2 会社の売却先はどのように見つけたらよいのか

自分で探すか、M&Aの仲介機関に頼むのが一般的

売却先が見つかりやすい場合とは

　会社売却では、売却先を探すのが一苦労です。経営者個人の人脈だけで探す場合は、よほど運がよくないと成功しません。まずは、地元の商工会議所や取引銀行、経営コンサルタントなどに相談してみるのがよいでしょう。

　売却先が見つかりやすいのは、①会社に収益力があり、②バランスシートがしっかりしているケースです。つまり、買収のために支払った金額以上の利益が得られると判断できるケースです。具体的には、①は、組織やビジネスモデルなど一部の業務体制を変えれば、十分に収益を上げることができると判断される場合です。②は、会社に優良な資産があり、一定の純資産も確保されているといった場合です。

どのようにして探せばよいのか

　会社の売却先を探す方法としては、①自分で探す、②法律や税務の専門家（たとえば、顧問税理士や顧問弁護士）に頼む、③商工会議所に相談する、④取引銀行や証券会社に相談する、⑤専門のM&A仲介会社に頼むといったものがあります。②〜⑤の方法は、コンサルティング料金や仲介手数料、売却が成功した際の成功報酬などの費用がかかります。人脈を活かして自分で売却先を探せるのが理想ですが、自分で探すのは運に左右される部分も多く、非常に骨の折れる作業になります。実際には、②〜⑤の方法で探すケースが多いようです。

　②〜⑤のうちどれを依頼先にするかについては、規模の小さな会社は、②で十分な場合が少なくありません。しかし、ある程度の規模の

会社になると、株主や取引先など利害関係者が多くなるため、仲介の専門家に頼まざるを得なくなるのが実情です。多いケースが③または⑤です。④は金融機関の豊富な取引ネットワークの力を借りることで、買収を希望している会社を紹介してもらえる場合があります。

たとえば、商工会議所の場合、「相談・申込→審査→仲介機関の決定→売却先の選定→M＆Aの交渉→M＆Aの決定」という手順を踏むことが多いようです。この際、仲介機関が決定した時点で着手金を支払います。中小企業の場合の着手金は、おおよそ50万円前後ですが、M＆Aが成立しなくても着手金は返ってきません。

さらに、M＆Aが成立した場合、仲介機関に成功報酬を支払う必要があります。料金はいろいろですが、売却金額の２〜８％が一般的で、料率は売却金額に応じて決まります。成功報酬の支払いはM＆Aの最終合意後および会社の資産移動後です。M＆Aの仲介会社に依頼した場合も、着手金と成功報酬が必要です。仲介機関の報酬体系については、ホームページなどで事前によく調べておくとよいでしょう。

どんなことに注意したらよいのか

会社売却の仲介を相談する場合、注意すべきことは３点です。

①　自分の意思を明確に伝える

会社を売却する理由、売却の方法、売却の条件を明確にし、どの程度のことまで相談に乗ってほしいのかを伝え、お互いに認識の相違などがないようにします。

②　着手金と成功報酬の金額を認識しておく

売却金額によっては高額の成功報酬も必要になります。この確認を怠ると、売却後の予定が狂ってしまうおそれがあるからです。

③　自分の希望にかなった仲介機関を選ぶこと

仲介を頼む機関は、会社売却に関する重要なパートナーですから、十分な吟味が必要です。

株式売却の手順を知っておこう

株式売却にまつわる様々な法律上のリスクを確認する

会社売却の手順はどのようになるか

　株式売却は、①株式の価格の決定、②売却先との合意、③会社の承認、④売買契約の締結、⑤株主名簿の書換えと売買代金の受領、という手順で進んでいきます。

　中小企業は一般に非上場で、株式の市場価格がないため、価格を決める必要があります。価格を決める方法には「類似業種比準方式」「純資産価額方式」などがあります。株式の価格は相続税の算定にも関わるため、税法では株式の評価方法を細かく規定しています。しかし、会社売却の場合は、算出方法に関する規定がないため、公認会計士や税理士などの会計・税務の専門家に依頼し、価格を決めてもらうのが一般的です。ただ、専門家に価格を決めてもらっても、売却先と合意しなければ意味がありません。専門家の算定価格は交渉の基礎と考えるのが妥当でしょう。また、算定した株式の価格は、複数の株主がいる場合に、それら株主からの株式買取価格の基準にもなります。

　会社の承認は、譲渡するのが譲渡制限付株式である場合に必要となる手続きです。譲渡制限付株式を売却先へ売却（譲渡）するには、会社が売却を承認する必要があります。定款に別段の定めのない限り、取締役会設置会社では取締役会、取締役会設置会社以外の会社では株主総会の承認が必要です。会社の承認が得られないと、株式の売却先が会社または会社の指定する買受人に限定されてしまうため、自らが決めた売却先へ株式を売却するという目的を達成できなくなります。

　売却契約の締結後、株主名簿の書換えと代金の受領を行います。会社が株券を発行している場合（株券発行会社）は、売却先にすべての

株券を交付することが必要です。この際、株券の一部が紛失していると株券喪失登録という再発行手続きが必要です。再度株式が発行されるまで１年かかるので、株券の一部が紛失している場合は、株主総会の特別決議で株券の廃止を決めます。なお、株券を発行していない会社（株券不発行会社）では、このような心配はありません。

どんなことに気をつけて売却をすべきなのか

株式売却にあたって主に注意すべき点は７つあります。

① **買収される会社の株券発行の有無で株式譲渡の方法が異なる**

株券発行会社であれば、株式譲渡の効力を生じさせるために株券を譲受人に交付することが必要です。一方、株券不発行会社であれば、当事者間の意思表示のみで株式譲渡の効力が生じます。

② **売却の対象となる株式に譲渡制限があるかどうか**

譲渡制限付株式を譲渡する場合は、会社の承認が必要です。譲渡人が大株主や100％株主であれば、取締役が株主の意向に反して譲渡の承認を拒むことはないでしょう。しかし、100％株主ではなく少数株主である場合は、会社が承認しない場合があるので要注意です。

③ **株式の売買代金をいつ支払うか**

会社を買収する側（売却先・譲受人）は、買収される会社に隠れた問題点などが発覚し、株式の価値が想定よりも少なくなるリスクに備えて、代金の支払日を遅くしたいところです。しかし、譲渡人は、代金をできるだけ早く一括で受け取りたいと考えます。実務上は、売買契約と同時に代金の一部を支払い、残りの代金を後日支払う方法が主流のようです。なお、隠れた問題点とは、たとえば、十分な情報がないために、売買契約後、買収される会社に隠れた負債の存在が判明したなど、想定しない何らかの負担が発生するような場合です。

④ **買収される会社について隠れた問題点が存在しないことを表明・保証する条項を契約書に盛り込む**

株式売却においては、売買の対象となる株式そのものに問題がある
ケースはほぼありません。しかし、株式の価値は、会社の価値に基づ
いて決まるため、会社に隠れた問題点があれば、譲受人（売却先）は
不測の損害を被ります。そこで、買収される会社について隠れた問題
点が存在しないことを、株式の譲渡人が表明・保証する条項を、**株式
譲渡契約書（書式１）**に盛り込むようにします。

⑤　**株式の譲渡人の連帯保証を外す**

　株式の譲渡人が会社のオーナー（代表者）である場合、会社の債務
について連帯保証人になっているケースが多いようです。そのため、
会社は売却できても、連帯保証人の責任が残ってしまう事態を防ぐた
めに、オーナーが株式を売却する前に、その連帯保証を外す必要があ
ります。具体的には、債権者である金融機関に事情を説明し、譲受人
が新たな担保や保証人を立てるなどの対応をすることになるでしょう。

⑥　**買収される会社が結んでいる各種契約の解除事由を確認する**

　ライセンス契約などは「会社の支配権移転」を解除事由としている
ケースもあるので注意が必要です。株式の譲受人は、解除を避けたい
のであれば、契約相手と交渉する必要があります。そして、新たに契
約を締結する、同意書を提出してもらうなどの対応を行います。

⑦　**株式譲渡後の競業避止義務を契約書に盛り込む**

　株式の譲受人は、株式取得によって、買収される会社が持っていた
市場における地位を手に入れる目的があります。しかし、特に譲渡人
が買収される会社のオーナーである場合に、株式売却後もオーナーが
買収される会社と同じ事業（競業）を行うのでは、その目的を達成で
きなくなります。そこで、株式売却の契約書には、譲渡人の競業避止
（競業を行わない）義務を定めた条項を盛り込んでおきます。

　事業譲渡の場合は、会社法が事業譲渡後の譲渡人の競業避止義務を
規定していますが、株式売却の場合は、売却後の譲渡人の競業を禁止
する規定がないため、競業避止義務条項を盛り込むことが必要です。

書式1 株式譲渡契約書

株式譲渡契約書

　○○○○（以下「甲」という）と、株式会社△△（以下「乙」という）は、甲の保有する株式会社□□の発行済株式を、乙に譲渡することにつき合意し、以下の通り契約する。

第1条（目的）　甲は、甲の保有する次の株式（以下「本件株式」という）を乙に対して譲渡することを確認し、合意する。

　　本　店　　　　○○県○○市○○町○丁目○番○号
　　商　号　　　　株式会社□□（以下「丙」という）
　　発行済株式　　○○○○株

第2条（譲渡価額及び支払方法）　甲は、本件株式を、令和○年○月○日限り、譲渡の対価として金○○○万円で乙に譲渡する。

2　乙は、甲に対し、前項の譲渡日（以下「譲渡日」という）において、本件株式の株券の交付及び名義書換の完了と引換えに、代金全額を支払うものとする。

3　前項に定める代金支払いは、乙が甲の指定する銀行口座に振込むことにより行うものとする。

第3条（表明保証）　甲は、乙に対し、以下の事項を保証する。

　①　本件株式の譲渡につき、譲渡日までに丙の取締役会の承認を得、かつ、乙に本件株式を譲渡するについて必要な手続きをすべて完了すること

　②　甲は、本件株式の全部についての完全な権利者であること

　③　本件株式に譲渡担保権、質権等の担保権は設定されておらず、その他何らの負担も付されていないこと

　④　令和○年○月○日現在の丙の財務内容は、別紙記載の丙

の貸借対照表及び損益計算書のとおりであり、簿外債務が存在しないこと

2　乙は、甲に対し、譲渡日までに乙の取締役会の承認を得、かつ、本件株式を譲り受けるために必要な手続きをすべて完了することを保証する。

第4条（賠償責任）　甲または乙は、前条に違反したときは、それによって相手方が被った損害、損失等を相手方に賠償または補償するものとする。

第5条（競業避止義務）　甲は、譲渡日から2年間については、乙と競合する業務を行うことができないものとする。

第6条（秘密保持）　甲及び乙は、本契約の交渉過程及び本契約の履行を通して相手方より開示された情報を、相手方の書面による承諾がない限り、第三者に漏洩または開示してはならない。ただし、以下のものはこの限りでない。

①　相手方から知得する以前にすでに所有していたもの

②　相手方から知得する以前にすでに公知のもの

③　相手方から知得した後に、自己の責めによらない事由により公知とされたもの

④　正当な権限を有する第三者から秘密保持の義務を伴わずに知得したもの

第7条（協議）　本契約に定めのない事項、または、本契約の条項の解釈に関して疑義が生じたときは、甲乙誠意をもって協議の上、これを決定する。

第8条（合意管轄）　甲及び乙は、本契約に関して紛争が生じた場合には、甲の住所地を管轄する裁判所を第1審の専属的合意管轄裁判所とすることに合意する。

本契約の成立を証するため、本書2通を作成し、甲乙記名押印の上、各1通を保有することとする。

令和○年○月○日

　　　　　　　　　（甲）　○○県○○市○○町○丁目○番○号
　　　　　　　　　　　　　　○○○○　㊞
　　　　　　　　　（乙）　○○県○○市○○町○丁目○番○号
　　　　　　　　　　　　　株式会社△△
　　　　　　　　　　　　　代表取締役　○○○○　㊞

　　　　　　〈別紙貸借対照表及び損益計算書は省略〉

4 株式売却の際の登記手続きについて知っておこう

株式売却に伴い、役員、商号、本店等を変更すると登記が必要になる

どんなことを登記するのか

　ここでは株式売却があった場合に、どのような登記が必要になるかを、商業登記と不動産登記に分けて説明していきます。

　株式の売却は、株主名簿に記載された株主が入れ替わるだけの手続きです。したがって、株式の売却が行われても会社の法人格に変化はなく、必ず商業登記が必要になるわけではありません。

　ただし、株式売却によって株主が変わるような場合、役員全員の入れ替えなど、役員（取締役・監査役等）も変更することがあります。その場合には、役員の変更登記が必要になります。会社の商号、本店、目的の変更があった場合は、それに対応した登記の申請も必要です。商号変更、目的変更、取締役や代表取締役の変更があったときの申請書（**書式2**）を挙げておきます。また、その時の登記すべき事項の記載例（**書式3**）も挙げておきますので参考にしてください。

　一方、不動産登記についても会社の法人格に変化はありません。さらに、株式が売却されても、買収された会社がその不動産の所有者である状態に変わりありません。そのため、株式の売却により買収される企業が不動産を所有していたとしても、必ず不動産登記が必要になるというわけではありません。ただし、買収された会社の商号、本店所在地が変更になった場合には、不動産登記の登記事項を変更する必要があります。この場合は、登記名義人表示変更登記を申請します（**書式4**）。申請先は、不動産の所在地を管轄する法務局です。

株式会社変更登記申請書

1．会社法人等番号　　　○○○○－○○－○○○○○○
1．商　　　　　　号　　ＡＢＣ商事株式会社
（フリガナ　エービーシーショウジ）
1．本　　　　　　店　　東京都千代田区飯田橋一丁目１番１号
1．登 記 の 事 由　　商号の変更
　　　　　　　　　　　目的の変更
　　　　　　　　　　　取締役及び代表取締役の変更
1．登記すべき事項　　別添CD-Rのとおり
1．登 録 免 許 税　　金４万円
　　　　　　　　　　　内訳　役員変更分　　金１万円
　　　　　　　　　　　　　　その他変更分　金３万円
1．添 付 書 類
　　定款　　　　　　　　　　　　　　　　　　　　　　１通
　　株主総会議事録　　　　　　　　　　　　　　　　　１通
　　株主の氏名又は名称、住所及び議決権数等を証する書面
　　（株主リスト）　　　　　　　　　　　　　　　　　１通
　　辞任届　　　　　　　　　　　　　　　　　　　　　３通
　　取締役の互選書　　　　　　　　　　　　　　　　　１通
　　取締役の就任承諾書　　　　　　　　　　　　　　　３通
　　代表取締役の就任承諾書　　　　　　　　　　　　　１通
　　印鑑証明書　　　　　　　　　　　　　　　　　　　３通
　　委任状　　　　　　　　　　　　　　　　　　　　　１通
　上記のとおり登記の申請をします。

　令和３年８月３０日
　　　　　東京都千代田区飯田橋一丁目１番１号
　　　　　申請人　ＤＥＦ商事株式会社
　　　　　東京都葛飾区青戸一丁目１番１号
　　　　　代表取締役　佐藤　四郎
　　　　　東京都新宿区高田馬場一丁目１番１号
　　　　　上記代理人　司法書士　戊野　五郎　㊞
　　　　　連絡先の電話番号　０３－○○○○－○○○○
　東京法務局　御中

> 登記申請を司法書士に委任している場合、申請人である会社の印鑑は不要。

書式３　登記すべき事項の記載例

「商号」ＤＥＦ商事株式会社
「原因年月日」令和３年８月２４日変更
「目的」
１．各種イベントの企画、制作
２．映画、テレビ、ポスターの企画
３．広告、宣伝の企画制作及び代理業務
４．前各号に付帯する一切の業務
「原因年月日」令和３年８月２４日変更
「役員に関する事項」
「資格」取締役
「氏名」甲野太郎
「原因年月日」令和３年８月２４日辞任
「役員に関する事項」
「資格」取締役
「氏名」乙野次郎
「原因年月日」令和３年８月２４日辞任
「役員に関する事項」
「資格」取締役
「氏名」丙野三郎
「原因年月日」令和３年８月２４日辞任
「役員に関する事項」
「資格」代表取締役
「住所」東京都中野区中野一丁目１番１号
「氏名」甲野太郎
「原因年月日」令和３年８月２４日退任
「役員に関する事項」

「資格」取締役
「氏名」佐藤四郎
「原因年月日」令和３年８月２４日就任
「役員に関する事項」
「資格」取締役
「氏名」山田五郎
「原因年月日」令和３年８月２４日就任
「役員に関する事項」
「資格」取締役
「氏名」鈴木六郎
「原因年月日」令和３年８月２４日就任
「役員に関する事項」
「資格」代表取締役
「住所」東京都葛飾区青戸一丁目１番１号
「氏名」佐藤四郎
「原因年月日」令和３年８月２４日就任

登記申請書

登 記 の 目 的　　所有権登記名義人住所、名称変更

原　　　　　因　　令和○年○月○日本店移転

　　　　　　　　　令和○年○月○日商号変更

変更すべき登記　　令和○年○月○日受付第○○○○○○号

変 更 後 の 事 項　　本店商号

　　　　　　　　　東京都千代田区飯田橋○丁目○番○号

　　　　　　　　　ＤＥＦ商事株式会社

申　　　請　　　人　　東京都千代田区飯田橋○丁目○番○号

　　　　　　　　　ＤＥＦ商事株式会社

> 登記申請を司法書士に委任している場合、申請人である会社の印鑑は不要。

　　　　　　　　　（会社法人等番号　○○○○－○○－○○○○○○）

　　　　　　　　　代表取締役　　　丁野　　四郎

添　付　情　報　　登記原因証明情報　　代理権限証書

　　　　　　　　　会社法人等番号

令和○年○月○日申請　東京法務局　○○出張所　御中

代　　理　　人　　京都新宿区高田馬場一丁目１番１号

　　　　　　　　　司法書士　　　戊野　五郎　㊞

　　　　　　　　　連絡先の電話番号　０３－××××－××××

登 録 免 許 税　　金１０００円

不 動 産 の 表 示　　不動産番号　１１１１２２２２３３３３３

　　　　　　　　　所　　在　　○○区××○丁目

　　　　　　　　　地　　番　　○○番○

　　　　　　　　　地　　目　　宅地

　　　　　　　　　地　　積　　○○○.○○㎡

5

株式売却の場合の税務処理について知っておこう

個人の場合は所得税で申告分離課税、法人の場合は法人税で総合課税

個人か法人かで課せられる税金が違う

　M&Aによって株式を売却した場合、売却益には税金がかかります。個人の場合は所得税および住民税、企業であれば法人税および法人住民税、法人事業税です。

　ここで、最低限知っておかなければならないことがあります。同じ株式を売却した場合でも、個人が売却したのか法人が売却したのかによって、税金の種類ばかりでなく、税率も課税方式も違うということです。

　個人の場合、課税方式は申告分離課税となります。他の株式で損失を出した場合を除いて、給与所得や事業所得といった総合所得と合算して課税金額を算出することはありません。

　また、譲渡所得の算出方法は、以下のようになります。

　　株式の売却代金－（株式の取得価格＋譲渡の際に必要な諸経費）

　税率は、所得税が15％、復興特別所得税 0.315％、住民税が5％の合計20.315％となります。

　一方、法人の場合、課税方式は、総合課税となります。他の事業が赤字だった場合は、譲渡益と合算して税額を決めることができるため、課税所得が圧縮されます。

　また、売却益の算出方法は、個人の場合と特に変わりませんが以下のようになります。

　　株式の売却代金－（株式の取得価格＋譲渡の際に必要な諸経費）

　法人税の税率は資本金の金額などによって異なってきますが、法人税の原則は23.2％（地方法人税を含め25.59％）です。ただし、期末資

本金が１億円以下で、資本金５億円以上の大法人に完全支配されていないような中小法人については、特例として一部に軽減税率が適用されます。

どのような点に注意すればよいのか

株式売却による譲渡益への課税について、注意をしなければならないことは、譲渡価格が適正だったかどうか、ということです。税法上、株式の売却価格は時価、つまり売却が行われる時の値段で行うこと、となっています。しかし、その時価の具体的な算定式は特に示されていません。ただ、税の世界では、「利害関係のない第三者同士が合意した株価（売却額）ならば、それを時価とみなす」と言う大原則があります。したがって、利害関係のない第三者同士でのM&Aであれば、売却金額が適正な会社の価格として税法上、認められることになります。

しかし、問題は、売却先が同族株主や系列会社といった利害関係のある人や会社の場合です。このような人や会社に時価から著しくかけ離れた価格で売却すると、時価との差額が個人であれば贈与税が、法人であれば寄附による受贈益として法人税が新たに課されることになってしまいます。

税法は時価の計算式を特に定めていませんので、厳密に言えば、時価から著しくかけ離れた価格とは何なのか、という議論は起こります。しかし、たとえば小規模な零細企業を100億円で購入すれば、通常は誰が見てもおかしいと思います。税務署も黙っているわけがありません。

したがって、このようなことが起こらないように、利害関係のある人や会社への売却の際には、純資産の評価額といった税務上の評価方法をひとつの目安として、適正な売却額であることを客観的に説明できるような金額を設定することが必要なのです。

6

株式交換について知っておこう

株式交換・株式移転は、どちらも100%子会社を作るための制度である

株式交換とは

　大きな企業グループでは、持ち株会社制度（228ページ）を導入しているところがあります。持ち株会社制度を円滑に導入できるように作られたのが、**株式交換**と株式移転の制度です。

　ある会社が別の会社の株式をすべて買い取って完全子会社にしようとすれば、完全子会社にする予定の会社の株主から株式を買い取らなければなりません。その際、株式買取りの対価として自社の株式を交付する手法を株式交換といいます。株式交換では、自社から金銭を流出させることなく、他の会社を強制的に完全子会社にできます。

　株式交換は、株式取得によって相手会社の支配権を獲得する点で、株式売却と共通します。しかし、株式交換は、金銭ではなく自社の株式を株式取得の対価にできる点で、株式の取得対価が金銭である株式売却と異なります。なお、株式交換においては、自社の株式以外の財産（金銭、社債など）を対価として交付することも可能です。

　相手会社を完全に手中に収めたい場合、相手会社を消滅させて自社に取り込む手法である吸収合併でも目的を達成できます。吸収合併のほうが株式交換より直接的に相手会社を支配できますが、それでも株式交換が活用されている理由として、以下のものが考えられます。

① **相手会社の独立性に配慮した形での支配が可能**

　企業風土の異なる会社同士が合併すると、経営陣が業務の執行する際に、経営方針などの面で様々な摩擦が生じるおそれがあります。また、自分の勤める会社が消滅することに対して、従業員や労働組合などの反発も大きくなると予想されます。一方、株式交換は、100％子

会社を作るための制度であるため、相手会社はそのまま存続します。そのため、現場の混乱は合併より少なくてすみます。また、従業員や労働組合などの反発も、合併ほどは大きくなりません。

② 相手会社の一部の株主が反対しても完全に支配できる

　株式売却の場合、一部の株主が売却に反対すれば、相手会社のすべての株式を取得できないため、相手会社を完全に支配できません。しかし、株式交換であれば、一部の株主が反対しても、株主総会の特別決議による承認を経ることで、相手会社のすべての株式を取得できるため、相手会社を完全に支配できます。

③ 買収資金が不要

　株式売却では、株式取得の対価として金銭を交付する必要があるため、規模の大きな会社の株式を取得する場合などに多額の資金が必要になります。しかし、株式交換では、株式取得の対価として自社の株式を交付することも可能で、この場合は買収資金が必要ないため、企業再編をする際には非常に使い勝手のよい手法といえます。

▌どんな手続きをするのか

　株式交換の手続きの流れは合併の場合と基本的に同じです。具体的には、①株式交換契約の締結、②事前開示、③株主総会による承認、

■ 株式交換のしくみ ……………………………………………………

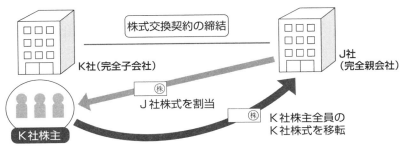

④反対株主の株式買取請求、⑤債権者保護手続き、⑥株券・新株予約権証券提出手続き、⑦登記、⑧事後開示の手続きなどを行います。

①　株式交換契約の締結

　株式交換契約書（書式5）には、完全親会社となる会社と完全子会社となる会社の商号と住所、完全子会社の株主に交付する対価とその割当てに関する事項を記載します。完全親会社が株式交換に際して、完全子会社の新株予約権の新株予約権者に対して、完全親会社の新株予約権を交付するときは、その内容と割当てに関する事項、増加する資本金の額と資本準備金に関する事項、株式交換の効力発生日などを記載します。

②　事前開示

　完全親会社となる会社、完全子会社となる会社の双方の本店に、株式交換契約に関する資料を備え置く必要があります。

③　株主総会による承認

　完全親会社となる会社、完全子会社となる会社の双方で、株主総会の特別決議が必要です。ただし、完全子会社になる会社の純資産が完全親会社になる予定の会社の純資産に比べて非常に小さい場合などにできる簡易株式交換や、完全親会社と完全子会社の間に特別支配関係がある場合にできる略式株式交換に該当するときは、株主総会決議が不要です。その代わりに、簡易株式交換もしくは略式株式交換の要件を満たすことを証する書面を添付する必要があります。

④　反対株主の株式買取請求

　株主総会の承認を受けると、完全子会社となる会社の株主から株式を譲り受け、完全親会社となる会社の株式を交換比率に従って交付します（対価が株式の場合）。これにより、完全子会社となる会社の株主は、完全親会社の株主になるわけです。一方、株主総会決議に反対した株主は、保有する株式について公正な価格での買取りを請求できます。これを**反対株式の株式買取請求**といいます。この権利を行使す

るには、原則として、事前に株主総会で決議に反対することを書面で会社に通知し、実際に株主総会で決議に反対したことが必要です。株式買取請求ができる期間は、株式交換の効力発生日の20日前から前日までです。また、買取価格は会社と株主の間で協議して決めますが、協議が調わない場合、会社または株主が裁判所に対し価格決定の申立てをすることが可能です。完全子会社の新株予約権者も一定の場合は買取りの請求ができます。

⑤　債権者保護手続き

　株式交換の場合は、完全子会社となった会社がそのまま存続するため、原則として債権者保護手続きは不要です。株式交換が行われる場合は、株主が変わるだけなので、債権者が不利益を被る心配がないからです。ただし、完全親会社になる会社が株式以外の財産（金銭など）を交付する場合や、新株予約権付社債の保有者がいる場合などについては、債権者が不利益を被るおそれが出てくるため、債権者保護のための手続きをとる必要があります。

⑥　株券・新株予約権証券提出手続き

　完全子会社となる会社が株券や新株予約権証券を発行している場合は回収しないといけないため、そのための手続きが必要です。

⑦　登記

　株式交換については、合併の場合と異なり、必ず登記の申請が必要になるわけではありません。登記の申請が必要になるのは、株式交換に伴って、新株の発行などを行った場合だけです。新株の発行を行った場合の申請書は211ページと内容はほぼ同じですが、登記の事由が「株式交換による変更」になります。

⑧　事後開示

　完全親会社になった会社と完全子会社になった会社は、それぞれの本店に事後開示書面を備え置きます。備え置き期間は、株式交換の効力発生日から6か月間です。

株式交換契約書

甲と乙は、次のとおり株式交換契約（以下「本契約」という）を締結する。

第1条（株式交換）　甲及び乙は、甲を完全親会社とし、乙を完全子会社とする株式交換（以下「本株式交換」という）を行う。

第2条（株式の割当）　甲は、乙の株主に対して、その所有する乙の普通株式に代わり、次のとおり甲の普通株式を交付する。

①　交付する株式数　乙の株式1株につき甲の株式○○株

②　交付時期　効力発生後遅滞なく

③　対象となる乙の株主　効力発生日の前日最終の乙の株主名簿に記載された株主

第3条（甲の資本金及び準備金の額）　甲は、本株式交換により資本金及び準備金を次のとおりとする。

①　資本金　○○円

②　資本準備金　○○円

第4条（効力発生日）　本株式交換が効力を発生する日（以下「効力発生日」という）は令和○年○月○日とする。ただし、必要があるときは、甲乙協議の上、効力発生日を変更することができる。

第5条（株主総会の承認）　甲及び乙は、令和○年○月○日までに株主総会を開催し、本契約の承認及び本株式交換に必要な事項の決議を求めるものとする。

第6条（会社財産の管理等についての善管注意義務） 甲及び乙は、本契約締結から効力発生日までの間、善良な管理者の注意をもって自らの業務執行及び財産の管理を行う。

2　甲及び乙は、第1項の期間内に、自らの権利義務または財産に重大な影響を生じるおそれのある行為を行うにあたっては、事前に協議の上、これを行うものとする。

第7条（契約の変更） 令和○年○月○日（効力発生日の前日）までに甲または乙の経営状態に重大な変更が生じた場合には、甲及び乙は、本契約の条件を変更することができる。

2　本契約の条件変更は、甲と乙で協議の上、これを行うものとする。

第8条（契約の解除） 令和○年○月○日（効力発生日の前日）までに甲または乙の経営状態に重大な変更が生じたときは、甲及び乙は、協議の上、本契約を解除することができる。

2　甲または乙は、相手方が本契約の義務に違反したときは、相手方への催告なしに直ちに本契約を解除することができる。

第9条（協議事項） 次の事由が発生したときは、甲及び乙は誠意をもって協議し解決を図るものとする。

①　本契約に定めのない問題が生じたとき

②　本契約の解釈について、甲乙間で疑義が生じたとき

第10条（合意管轄） 甲及び乙は、本契約に関する訴訟については、○○地方裁判所を第一審の専属的合意管轄裁判所とする。

本契約の内容及び成立を証明するため、本書を2通作成し、甲乙各1通を保有する。

令和○年○月○日

　　　　○○県○○市○○町○○丁目○○番○○号

　　　（甲）　○○○○株式会社（完全親会社となる会社）

　　　　　　　　　代表取締役　○○○○　㊞

　　　　○○県○○市○○町○○丁目○○番○○号

　　　（乙）　○○○○株式会社（完全子会社となる会社）

　　　　　　　　　代表取締役　○○○○　㊞

7 株式交付について知っておこう

株式交換に類似するが、完全子会社化を必要としない点で異なる

株式交付とは

株式交付とは、株式会社（株式交付親会社）が、他の株式会社（株式交付子会社）を子会社にする目的で、子会社になる株式会社の株式を譲り受ける対価として、自社の株式を交付することです。したがって、すでに自社の子会社である株式会社の株式を追加で取得したい場合には利用できません。株式交付を行おうとする株式交付親会社は、株式交付計画を作成しなければなりません（次ページ図）。

株式交付は、大まかに以下の流れで行われます。まず、株式交付親会社は、株式交付子会社の株式の譲渡を希望する者に対し、株式交付親会社の商号や株式交付計画の内容などを通知します。次に、株式交付子会社の株式の譲渡を希望する者は、譲渡を希望する株式の数などを記載した書面を、株式交付計画で定めた申込期日までに株式交付親会社に交付します。これを受けて、株式交付親会社は、株式交付子会社の株式を譲り受ける者を選定し、自社の株式を交付する数を決定します。

その後、株式交付計画で定めた効力発生日に、株式交付親会社は、株式交付子会社の株式を譲り受けます。さらに、株式交付親会社に対して株式交付子会社の株式を譲り渡した者は、株式交付親会社の株式が割り当てられるため、株式交付親会社の株主になります。

株式交付親会社における手続きと株式交付無効の訴え

株式交付親会社は、株式交付の効力発生日の前日までに、原則として、株式交付計画について株主総会の特別決議による承認を得なけれ

ばなりません。また、株式交付計画を定めて、一定の時期から株式交付の効力発生日後6か月を経過する日までの間、株式交付計画の内容などを記載した書面あるいはPC上のデータなどを本店に備え置かなければなりません（事前開示および事後開示）。

　株式交付が法令・定款に違反するために、株主に不利益が生じるおそれがある場合、株式交付親会社の株主は、株式交付親会社に対して、株式交付を止めるように請求できます。また、株式交付が行われる際、株式交付に反対する株式交付親会社の株主は、株式交付親会社に対して株式買取請求を行うことが可能です。

　株式交付後に株式交付の効力を覆すには、株式交付の無効の訴えによらなければなりません。株式交付の無効の訴えは、株式交付の効力発生日から6か月以内に、株式交付親会社を被告として訴えを提起しなければなりません。訴えの提起ができるのは、株式交付の効力発生日における株式交付親会社の株主、株式交付親会社に対して株式交付子会社の株式を譲り渡した者など、一定の者に限定されます。

■ 株式交付計画の内容

①	株式交付子会社の商号・住所
②	株式交付親会社が譲り受ける株式の数の下限
③	株式交付親会社が交付する株式の数
④	③について、株式割当てに関する事項
⑤	株式交付親会社が株式交付にあたり金銭などを交付する際に必要な事項
⑥	⑤について、金銭などの割当てに関する事項
⑦	株式交付親会社が株式交付子会社の株式の他に、株式交付子会社の新株予約権や新株予約権付社債を譲り受ける際に、その内容・算定方法など
⑧	株式交付親会社が新株予約権や新株予約権付社債の交付にあたり金銭などを交付する際に必要な事項
⑨	⑧について金銭など割当てに関する事項
⑩	株式交付子会社の株式などの株式交付親会社への譲渡の申込期日
⑪	株式交付の効力発生日

8 株式移転について知っておこう

グループ企業を統括する純粋持株会社を作りやすい点がメリット

株式移転とは

　株式移転は、新設した会社が完全親会社になる点で、既存の会社が完全親会社となる株式交換とは異なります。また、完全子会社の株式を保有して支配するだけで実業を行わない純粋持株会社を作る際に使われることが多いです。株式移転においては、新設される会社の完全子会社になる会社の株主は、自分の保有する株式を新設される会社に渡し、代わりに新設される会社の株式などを受け取ります。

　株式移転のメリットは3つ考えられます。1つ目は、グループ企業を統括する純粋持株会社を作りやすいことです。株式移転を活用すれば、純粋持株会社の傘下にグループ企業を完全子会社として置くことができ、企業グループ全体の経営戦略を策定しやすくなります。2つ目は、企業風土の違う会社同士でも緊密に連携できることです。企業文化の違う会社同士が合併して1つの会社になると、経営方針などに食い違いが生じ、現場が混乱するおそれがあります。しかし、株式移転の場合は、各々の会社が存続するため、企業文化が違う会社同士でも活用しやすいです。3つ目は、統合・再編の準備段階に活用できることです。たとえば、企業風土の違いなどから早期の統合が難しい会社同士が、統合の準備段階として株式移転を行うケースがあります。

どんな手続きをするのか

　株式移転に反対の株主には株式買取請求が認められている点や、債権者保護手続きが必要になる場合がある点は、株式交換と同じです。ただし、株式移転では、株式交換とは異なり、簡易組織再編（16ペー

ジ)、略式組織再編（18ページ）が認められていません。

① 株式移転計画書（書式６）の作成

完全子会社となる会社が、株式移転計画書を作成します。

② 事前開示

完全子会社となる会社の本店に株式移転に関する資料を備え置きます。

③ 株主総会による承認

完全子会社となる会社について、株主総会の特別決議が必要になります。また、譲渡制限のない株式の株主に譲渡制限のある株式を交付するときは完全子会社の株主総会で特殊決議（議決権を行使することができる株主の半数以上でかつ議決権の３分の２以上の賛成が必要）による承認が必要です。なお、株式移転では、略式・簡易の手続きがないため、株主総会の決議を省略できる場合はありません。

④ 反対株主の株式買取請求

株式移転に反対の株主は、保有株式について公正な価格での買取請求ができます。この権利を行使できるのは、あらかじめ株主総会決議に反対することを書面で会社に通知し、実際に株主総会決議に反対した株主か、株主総会で議決権を行使できない株主です。株式買取請求ができる期間は、株式移転の効力発生日の20日前から前日までです。

買取価格は、会社・株主間の協議で決めます。会社は協議で決まった金額を、株式移転の効力発生日から60日以内に支払います。もし買取価格の協議が調わない場合には、会社または株主は、裁判所に対して価格決定の申立てが可能です。また、完全子会社の新株予約権者も一定の場合は買取請求ができます。

⑤ 債権者保護手続き

株式移転に反対の株主は、株式交換の場合と同じように株式の買取りを会社に対して請求できます。この点は、債権者保護手続きについても、株式交換の場合と同じように扱われています。したがって、基本的に債権者保護を考慮する必要はありませんが、新設される会社の

傘下に入る完全子会社の新株予約権付社債の保有者がいる場合には、その保護のための手続きが必要になることもあります。

⑥ 株券・新株予約権証券提出手続き

完全子会社となる会社が株券や新株予約権証券を発行している場合は回収しないといけないため、そのための手続きが必要です。

⑦ 登記

上記の手続きが終了してから2週間以内に、設立された完全親会社は、設立登記を申請しなければなりません。申請書の記載例（**書式7**）にあるように、登記の事由は「令和〇年〇月〇日株式移転による設立手続終了」となります。また、登記すべき事項の記載例は一般的には（**書式8**）のようになります。新設合併や新設分割による設立登記とは異なり登記記録に関する事項が「設立」となるので注意してください。この登記がなされると株式移転の効力が発生し、設立される会社が完全子会社の発行済み株式の全部を取得します。また、完全子会社でも登記事項に変更があった場合は、変更登記の申請が必要です。この2つの登記は同時に完全親会社の本店所在地を管轄する法務局に提出します。

⑧ 事後開示

完全親会社と完全子会社は、それぞれの本店に事後開示書面を備え置きます。備え置き期間は、完全親会社成立の日から6か月間です。

■ 株式移転のしくみ ･･

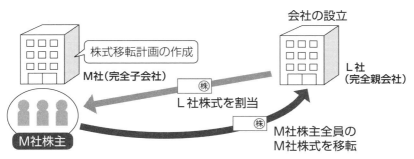

株式移転計画書

　甲と乙は、丙を完全親会社、甲及び乙を完全子会社とする株式移転を行うため、次のとおり計画書（以下「本計画書」という）を作成する。

第1条（完全親会社に関する事項）　丙の目的、商号、本店所在地、発行可能株式総数その他定款で定める事項は、別紙「定款写し」のとおりである。

2　丙の設立時取締役及び監査役の氏名は、次のとおりである。

　設立時取締役　○○○○　　設立時取締役　○○○○

　設立時取締役　○○○○　　設立時監査役　○○○○

3　丙は、株式移転に際して、普通株式○○○○株を交付する。

4　丙の資本金及び資本準備金は、次のとおりとする。

　①　資本金　金○○○○円

　②　資本準備金　金○○○○円

第2条（株式の割当）　丙は、甲及び乙の株主に対して、次のとおり前条第3項の株式を割り当てる。

　①　対象となる株主　株式移転の日の前日最終の株主名簿に記載された甲及び乙の株主

　②　甲の株主への割当比率　甲株1株につき丙株○株

　③　乙の株主への割当比率　乙株1株につき丙株○株

第3条（丙の成立日）　丙の成立日（設立登記日）は令和○年○月○日とする。

2　甲及び乙は、株式移転の手続き上必要であるときは、協議の
　上、前項の成立日を変更できるものとする。

第４条（株主総会による承認）　甲及び乙は、令和○年○月○日
　に株主総会を開催して、本計画書についての承認を得るものと
　する。

2　甲及び乙が株主総会で本計画書についての承認を得られな
　かったときは、本計画書はその効力を失うものとする。

第５条（会社財産の管理等）　甲及び乙は、本計画書の作成日か
　ら丙の成立日までの間、善良な管理者の注意をもってそれぞれ
　の業務を執行するとともに、財産の管理を行う。

2　甲及び乙は、それぞれの財産及び権利義務について重大な変
　更を及ぼす行為をする場合、事前に相手方と協議を行うものと
　する。

3　甲及び乙は、本計画書の作成日から丙の成立日までの間に、
　剰余金配当（中間配当を含む）を行わないものとする。

第６条（株式移転計画の変更及び解除）　本計画書の作成日から
　丙の成立日のまでの間、天災地変等の事情により、甲又は乙の
　資産や経営状態に著しい変動が生じた場合には、甲及び乙は協
　議の上、本計画書に記載された株式移転の条件を変更すること
　ができる。

2　前項の場合には、甲及び乙は協議の上、本計画書に記載され
　た株式移転を中止することもできる。

第７条（協議事項）　次の事由が生じたときは、甲及び乙は、誠
　意をもって協議し解決を図るものとする。

　①　本計画書に定めのない事態が発生したとき

② 本計画書の解釈をめぐって、甲乙間で疑義が生じたとき

第8条（合意管轄） 本計画書に関する訴訟については、○○地方裁判所を第一審の専属的合意管轄裁判所とする。

　本計画書の内容及び成立を証明するため、本書面を2通用意し、甲乙各1通保有する。

令和○年○月○日

　　　　　（甲）　○○県○○市○○町○○丁目○○番○○号
　　　　　　　　　○○○○株式会社（完全子会社となる会社）
　　　　　　　　　　　　代表取締役　　○○○○　　㊞
　　　　　（乙）　○○県○○市○○町○○丁目○○番○○号
　　　　　　　　　○○○○株式会社（完全子会社となる会社）
　　　　　　　　　　　　代表取締役　　○○○○　　㊞

株式会社変更登記申請書

1. 商　　　　号　　ＡＢＣ商事株式会社
（フリガナ　エービーシーショウジ）
1. 本　　　店　　東京都千代田区飯田橋一丁目１番１号
1. 登記の事由　　令和３年８月２４日株式移転による設立手続終了
1. 登記すべき事項　別添CD-Rのとおり
1. 課税標準金額　金１０００万円
1. 登録免許税額　金１５万円
1. 添付書類
　　株式移転計画書　　　　　　　　　　　　　　　　　　　　１通
　　定款　　　　　　　　　　　　　　　　　　　　　　　　　１通
　　株主総会議事録　　　　　　　　　　　　　　　　　　　　１通
　　株主の氏名又は名称、住所及び議決権数等を証する書面
　　（株主リスト）　　　　　　　　　　　　　　　　　　　　１通
　　官報及び日刊新聞紙で公告したことを証する書面　　　　　２通
　　異議を述べた債権者はいないことの上申書　　　　　　　　１通
　　資本金の額の計上に関する証明書　　　　　　　　　　　　１通
　　株式移転完全子会社会社の登記事項証明書　　　　　　　　１通
　　設立時取締役の就任承諾書　　　　　　　　　　　　　　　２通
　　設立時取締役が設立時代表取締役を選定したことを
　　証する書面　　　　　　　　　　　　　　　　　　　　　　１通
　　設立時代表取締役の就任承諾書　　　　　　　　　　　　　１通
　　印鑑証明書　　　　　　　　　　　　　　　　　　　　　　２通
　　委任状　　　　　　　　　　　　　　　　　　　　　　　　１通
　上記のとおり登記の申請をします。

令和３年８月３０日

　　　　　　　　　　　東京都千代田区飯田橋一丁目１番１号
　　　　　　　　　　　申請人　ＡＢＣ商事株式会社
　　　　　　　　　　　東京都中野区中野一丁目１番１号

> 登記申請を司法書士に委任している場合、申請人である会社の印鑑は不要。

　　　　　　　　　　　代表取締役　甲野　太郎
　　　　　　　　　　　東京都新宿区高田馬場一丁目１番１号
　　　　　　　　　　　上記代理人　司法書士　戊野　五郎　㊞
　　　　　　　　　　　連絡先の電話番号　０３－○○○○－○○○○

　東京法務局　御中

「商号」ＡＢＣ商事株式会社

「本店」東京都千代田区飯田橋一丁目１番１号

「公告する方法」官報に掲載してする

「目的」

　１．各種イベントの企画、制作

　２．映画、テレビ、ポスターの企画

　３．公告、宣伝の企画制作及び代理業務

　４．前各号に付帯する一切の業務

「発行可能株式総数」１０００株

「発行済株式の総数」５００株

「資本金の額」金１０００万円

「株式の譲渡制限に関する規定」　当会社の株式を譲渡するには、
　　株主総会の承認を受けなければならない

「役員に関する事項」

「資格」取締役

「氏名」甲野太郎

「役員に関する事項」

「資格」取締役

「氏名」丙野三郎

「役員に関する事項」

「資格」代表取締役

「住所」東京都中野区中野一丁目１番１号

「氏名」甲野太郎

「登記記録に関する事項」設立

新株発行のしくみと手続きについて知っておこう

新株発行のメリットは、返済の必要のない資金が手に入ること

事業再編と新株発行はどんな関係なのか

新株発行とは、資金調達を目的に、会社が新たに株式を発行することをいいます。新株発行のメリットは、銀行からの借入れや社債の発行とは異なり、返済の必要のない資金が手に入ることです。新株発行の方法には、既存の株主に均一に株式を割り当てる株主割当と、特定の第三者にだけ株式を割り当てる第三者割当があります。経営難の会社を再建する場合、資金調達が必要になりますが、その際に第三者割当の新株発行の方法が多用されています。なお、会社法上は、新株発行と自己株式の処分とあわせて募集株式の発行等といいます。

新株発行は資金を拠出する側にもメリットがあります。たとえば、経営難の会社を資金面で救済し、かつ、その経営権を取得することにより、自社の事業をさらに伸ばすことが期待できる場合に、経営難の会社から第三者割当を受けることが考えられます。新株発行は事業再編の手段としても用いられることがあります。

株式売却とはどう違うのか

新株発行と株式売却(株式譲渡)は購入者が株式を受け取るという点では共通しています。違いは、株式取得の代金が会社に流入するかどうかです。たとえば、A社の株式を保有する株主が、B社にA社の株式を売却(譲渡)すれば、その代金は株主のものになります。つまり、株式売却では、株式の売却代金が直接A社に流入するわけではありません。一方、A社がB社に第三者割当の新株発行を行った場合には、B社が株式を受け取る点は先ほどと同様ですが、B社は、A社に

株式の代金を出資という形で払い込みます。つまり、新株発行では株式の出資金が直接Ａ社に流入するため、その資金を融資金の支払いなどにあてることができるのです。

どんな手続きをするのか

公開会社（譲渡制限のない株式を発行している会社）か非公開会社（発行する株式のすべてに譲渡制限を設けている会社）かによって新株発行の手続きが異なります。公開会社は、取締役会の決議で第三者割当の新株発行を行うことができ、この場合に必要となる手続きは次の①②です。これに対し、非公開会社は、次の①②の手続きによらず、第三者割当の募集事項の決定を株主総会の特別決議で行います。

① **取締役会決議**

発行する株式の数、１株あたりの払込金額（代金）、払込期日、増加する資本金および資本準備金に関する事項などを決議します。

② **株主に対する通知・公告**

第三者割当の新株発行は、既存株主の持分比率（議決権割合）を低下させる効果を持つため、新株発行によって不利益を受ける株主には

■ 新株発行と株主保護（公開会社の場合）……………………………

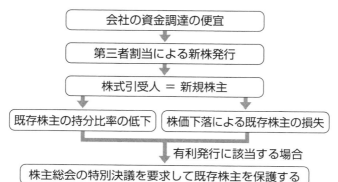

※有利発行以外の場合は、株主への通知・公告で新株発行差止めの機会を与える。

新株発行の差止請求権が与えられています。しかし、新株発行に関する情報がなければ、株主が差止請求権を行使すべきか否かを判断できません。そこで、会社法は、会社に対して、新株発行の内容を株主に個別に通知するか、または公告することを義務づけています。

　なお、公開会社であっても、第三者に対し「特に有利な金額」で新株を発行する場合（有利発行）には、1株あたりの払込金額、払込期日、増加する資本金および資本準備金に関する事項などについて、株主総会の特別決議が必要です。この場合は、上記①②の手続きが不要です。実務上は「特に有利な金額」がどの程度の金額なのかが問題となります。上場会社の株式は、市場価格の1割引程度であれば「特に有利な金額」にあたらないとされています。一方、市場価値のない株式は、会社の資産、収益、配当、類似する会社の株式価格などを考慮して判断します。

▍株主総会と取締役会の議案例

　株主総会と取締役会で必要になる議案例は、以下のとおりです。
・第三者割当による募集事項を決定する株主総会議案例（書式9）
　第三者割当により新株発行を行い、出資の目的を金銭とした場合のものです。募集事項を株主総会で決定するのは、非公開会社か、公開

■ 新株発行による増資の流れ（公開会社の場合）…………………

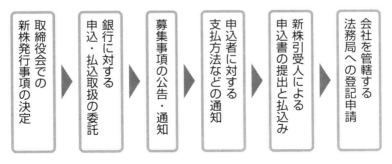

| 取締役会での新株発行事項の決定 | ▶ | 銀行に対する申込・払込取扱の委託 | ▶ | 募集事項の公告・通知 | ▶ | 申込者に対する支払方法などの通知 | ▶ | 新株引受人による申込書の提出と払込み | ▶ | 会社を管轄する法務局への登記申請 |

会社で有利発行をする場合です。記載例のように、払込期日ではなく払込期間を定めることも可能です。

・**募集株式の割当に関する取締役会議案例（書式10）**

　取締役会設置会社において、募集株式が譲渡制限株式である第三者割当の場合、定款に別段の定めがない限り、誰に募集株式を割り当てるかの決定は、取締役会決議によってなされます。なお、株主割当の場合は、割当に関する特段の決議は不要です。

・**取締役会非設置会社で株式の募集事項の決定と同時に割当決議をする場合の株主総会議案例（書式11）**

　募集事項を決定する機関が割当に関する事項も決定できる場合は、募集事項を決定する際に、引受けの申込みがあることを条件として、割当に関する事項についても併せて決議することができます。

登記申請書について

　登記の申請は払込期日又は期間の末日から2週間以内に申請書（**書式12**）を作成して行う必要があります。登記すべき事項（**書式13**）は募集株式の発行後の発行済株式総数と、資本金の額及びこれらの変更年月日（払込期日を定めた場合は払込期日、払込期間を定めた場合は当該期間の末日）となります。登録免許税は「増加した資本金額×1000分の7（その額が3万に満たない場合は3万円）」です。新株発行により払い込まれた額（たとえば2000万円）のうち、2分の1を超えない額（1000万円）は資本準備金として資本金には計上しない旨の設定をした場合には、資本金として計上する分の1000万円を基準に計算します。

　基本的な添付書面は、株主総会議事録や取締役会議事録など募集事項の決定を行った機関の議事録と、募集株式の引受けの申込みを証する書面（募集株式申込証）、払込みがあったことを証する書面（通帳のコピーを合綴したもの）、資本金の額の計上を証する書面、株主総会議事録を添付するときは株主リスト（**書式14**）となります。

書式9　第三者割当による募集事項を決定する株主総会議案例

第○号議案　募集株式発行の件

　議長は、会社法第１９９条第１項の規定に基づき下記のとおり、募集株式を発行したい旨を述べ、その理由を詳細に説明した後、賛否を議場に諮ったところ、出席株主の議決権の３分の２以上の賛成を得て、本議案は原案どおり可決された。

記

１．発行する募集株式の種類及び数　　普通株式　２０００株
２．割当方法　　　　　　　　　　　　第三者割当てによる方法とする
３．募集株式の払込金額　　　　　　　１株につき金１万円
４．払込期間　　　　　　　　　　　　令和３年４月１日から
　　　　　　　　　　　　　　　　　　令和３年４月３０日まで
５．増加する資本金の額　　　　　　　金１０００万円
６．増加する資本準備金の額　　　　　金１０００万円
７．払込みを取り扱う金融機関　　　　株式会社○○銀行　　○○支店
　　　　　　　　　　　　　　　　　　（住所：東京都○○区○○
　　　　　　　　　　　　　　　　　　１－１－１）
　　　　　　　　　　　　　　　　　　普通預金口座　１２３４５６７８

第○号議案　募集株式割当の件

　議長は、令和○年○月○日開催の臨時株主総会により決議された募集株式発行の件について、下記のとおり申込みがなされた旨を報告した。ついで議長は、申込みのとおり募集株式の割当てを行いたい旨を述べ、議場に諮ったところ、出席取締役は全員異議なくこれを承認可決した。

記

1．申込人の住所および氏名　東京都○○区○○二丁目3番4号
　　　　　　　　　　　　　　　　○○○○
1．申込み株式の種類および数　普通株式　1000株

第○号議案　募集株式発行の件
〈略〉

第○号議案　募集株式割当の件

　議長は、第○号議案において承認された募集株式の発行の件に関して、下記のとおり割当てを行いたい旨を述べ、議場に諮ったところ、出席株主は満場異議なくこれを承認可決した。

記

1．割当先：東京都○○区○○二丁目3番4号　○○○○
1．割り当てる株式の種類および数：普通株式　1000株
1．条件：上記の者より募集株式の引受けの申込みがされることを条件とする。

株式会社変更登記申請書

1．会社法人等番号　　○○○○－○○－○○○○○○
1．商　　　　　号　　株式会社星光商事
　　（フリガナ　セイコウショウジ）
1．本　　　　　店　　東京都××区××三丁目１番５号
1．登 記 の 事 由　　募集株式の発行
1．登記すべき事項　　別添CD-Rのとおり
1．課税標準金額　　　金１０００万円
1．登 録 免 許 税　　金７万円
1．添 付 書 類
　　　株主総会議事録　　　　　　　　　　　　　　　１通
　　　株主の氏名又は名称、住所及び議決権数等を
　　　証する書面（株主リスト）　　　　　　　　　　１通
　　　募集株式の引受けの申込みを証する書面　　　　○通
　　　払込みがあったことを証する書面　　　　　　　１通
　　　資本金の額の計上に関する証明書　　　　　　　１通
　　　委任状　　　　　　　　　　　　　　　　　　　１通

上記のとおり登記の申請をします。

令和３年４月３０日
　　　東京都××区××三丁目１番５号
　　　申請人　　　株式会社星光商事
　　　東京都××区××七丁目３番２号
　　　代表取締役　　　星　光男
　　　東京都新宿区高田馬場一丁目１番１号
　　　上記代理人　司法書士　戊野　五郎　㊞
　　　連絡先の電話番号　０３－○○○○－○○○○

> 登記申請を司法書士に委任している場合、申請人である会社の印鑑は不要。

東京法務局××出張所　御中

「発行済株式の総数」１万株
「原因年月日」令和３年４月３０日変更
「資本金の額」金９０００万円
「原因年月日」令和３年４月３０日変更

書式14　株主リスト

証　明　書

　令和○年○月○日付け定時（臨時）株主総会の各議案につき、総議決権数（各議案につき、議決権を行使することができる全ての株主の有する議決権の数の合計をいう。以下同じ。）に対する株主の有する議決権（各議案につき議決権を行使できるものに限る。以下同じ。）の数の割合が高いことにおいて上位となる株主であって、次の①と②の人数のうち少ない方の人数の株主の氏名又は名称及び住所、当該株主のそれぞれが有する株式の数（種類株主総会の決議を要する場合にあっては、その種類の株式の数）及び議決権の数並びに当該株主のそれぞれが有する議決権の数に係る当該割合は、次のとおりであることを証明する。

　なお、各議案につき、総議決権数に対する株主の有する議決権に変更はない。

① 　10名
② 　その有する議決権の数の割合をその割合の多い順に順次加算し、その加算した割合が3分の2に達するまでの人数

	氏名又は名称	住所	株式数（株）	議決権数	議決権数の割合
1	○○○○	東京都新宿区××一丁目1番2号	4,000	4,000	50.0%
2	××××	大阪市中央区××二丁目2番3号	2,400	2,400	30.0%
		合計	6,400	80.0%	
		総議決権数	8,000		

令和3年4月30日

東京都××区××三丁目1番5号
株式会社星光商事

代表取締役　　　星　光男

10 新株発行の対価をめぐる問題について知っておこう

現物出資を行う場合には、検査役の検査が原則必要である

現物出資とは

新株発行では、株式取得の対価は金銭であることが通常です。しかし、金銭以外の財物を出資する現物出資も可能です。現物出資の対象になるのは不動産、工場機械、設備、債権などです。現物出資の場合は、出資した財産の金銭的評価が重要になります。その評価が過大だと、少ない出資に対して多くの株式を与えることになり、他の株主との不公平を生じてしまうからです。そこで、会社法は、現物出資財産に関して検査役の検査を義務づけています。ただし、一定の条件を満たす場合には、検査役の検査を省略できます。たとえば、現物出資財産の合計額が500万円を超えない場合や、現物出資者に割り当てる株式が発行済株式総数の10分の1を超えない場合、現物出資財産について定められ価額が相当であることについて弁護士など（現物出資財産が不動産である場合は不動産鑑定士の鑑定評価も必要）の証明を受けた場合などが該当します。

DESについて

デット・エクイティ・スワップ（DES）は、負債（デット）と株式（エクイティ）を交換（スワップ）することです。具体的には、債権者が、会社に対して持っている債権（会社にとっては負債）を現物出資して、会社から株式を取得します。仮に、銀行が会社に対して2億円の債権を持っているのであれば、その債権を現物出資して2億円分の株式を取得します。経営難に苦しんでいる会社は、返済能力を超える債務を負っています。債権者である銀行は、こうした負債（銀行

214

にとっては債権）について、債権放棄や債務免除を行うよりも、DES
を利用したほうが利益につながる場合があります。会社の再建が成功
すれば、株価が上昇するため、株式の売却益を得られるからです。

DESは債権による現物出資であるため、本来、検査役による検査が
必要なはずです。しかし、弁済期が到来した金銭債権を負債の帳簿価
格を超えない金額で現物出資する場合は、検査役の検査が不要とされ
ています。

仮に、銀行が会社に2億円の債権を持っていれば、会社の帳簿には
2億円の負債（債務）があることになります。したがって、銀行が弁
済期の到来した会社に対する債権を現物出資する場合、負債の帳簿価
格である2億円を超えない金額であれば、検査役の検査を省略できま
す。ただし、架空の債権でないことを証明するため、負債を計上して
いる会計帳簿などを登記申請時に添付しないといけません。

▋ どんな手続きをしなければならないのか

DESは、新株発行のうち株式取得の対価が会社に対する債権である
場合なので、その手続きは、基本的には新株発行の手続き（206ペー
ジ）と同様です。したがって、DESによる新株発行の募集事項を決定
するには、非公開会社の場合は株主総会決議、公開会社の場合は取締
役会決議（有利発行の場合は株主総会決議）が必要となります。

株主総会議事録を作成する際には、以下の点に注意する必要があり
ます。

・株主総会議案例（書式15）

現物出資をする場合、出資金の払込期日または期間に代えて、現物
出資をする財産の給付の期日または期間を記載する必要があります。
現物出資する財産の記載方法については、債権の場合は発生年月日・
発生の根拠となる契約名など、動産の場合は製造番号など、不動産の
場合は所在・地番・家屋番号などで特定するとよいでしょう。

書式15　DESによる募集事項決定の株主総会議案例

第○号議案　募集株式発行の件

　議長は、募集株式の発行に関する件につき、下記のとおり提案し、その理由を詳細に説明した。

　議長が議事にその承認を求めたところ、満場一致で可決されたため、議長は本案が原案どおり可決された旨を宣した。

記

1．発行する募集株式の種類および数
　　普通株式　　１００株
2．割当方法
　　第三者割当てによる方法とする
3．現物出資に関する事項
　　令和○年○月○日金銭消費貸借契約に基づく○○○○（住所：東京都○○区○○二丁目３番４号）の当社に対する貸付金債権（無利息、期限の定めなし）　金１００万円
4．募集株式１株と引換えに給付する財産の額
　　金１万円
5．3．の財産の給付の期日
　　令和○年○月○日
6．増加する資本金および資本準備金の額
　　増加する資本金の額　　　金１００万円
　　増加する資本準備金の額　金０円

第7章

知っておきたい
その他の関連知識

企業結合規制について知っておこう

企業同士のつながりが規制される場合がある

どんなことなのか

　企業結合規制とは、合併や事業譲渡などによって企業間のつながりが強くなることで市場での競争が失われる可能性がある場合に、その合併や事業譲渡などに対して制限をかけることをいいます。市場では企業同士が競争をすることで商品が改良され、価格が低下していきます。しかし、競争関係にある企業同士が合併をするなど、競争関係にある企業同士のつながりが強くなり過ぎてしまうと、その企業同士での競争が失われてしまいます。その結果、商品の改良や価格の低下が行われなくなる可能性がでてきます。このような事態を防ぐために、企業結合は独占禁止法によって規制されています。

　しかし、企業結合によって、商品の生産性、研究開発能力、流通、販売方法などの効率性が高められ、これによって消費者が利益を受ける場合もあります。そのため、企業結合を規制する際には、このような企業結合によるメリットを失わせないように配慮する必要があります。

企業結合審査の流れ

　会社による企業結合が独占禁止法に違反しないかを公正取引委員会が審査することを**企業結合審査**といいます。企業結合しようとする場合は、事前に公正取引委員会に対し企業結合計画の届出書を提出します（事前届出制）。公正取引委員会は、届出受理日から30日以内に、企業結合が①独占禁止法上問題ないとして、排除措置命令を行わない旨の通知をするか、②詳細な審査が必要であるとして報告等の要請を行うか、③独占禁止法違反の疑いについて公正取引委員会と事業者と

の間の合意により自主的に解決する確約手続を行うか、回答します（第1次審査）。②を回答した場合、公正取引委員会は、届出者に報告や資料の提出を要請し、原則、報告等を受理した日から90日を経過した日までに、独占禁止法上問題ないか、確約手続を行うか、排除措置命令を予定して意見聴取を行うか回答します（第2次審査）。この回答で排除措置命令前の通知を受けた届出者は、意見聴取を経て排除措置命令がなされる可能性があります。

一定の取引分野とは

　企業結合によって、「一定の取引分野」における競争が制限される可能性がある場合に、その企業結合が規制されます。

　一定の取引分野とは市場のことです。一定の取引分野を広く捉えると、企業結合によって競争が制限される効果は小さくなります。反対に、一定の取引分野を狭く捉えるならば、企業結合によって競争が制限される効果は大きくなります。なぜなら、一定の取引分野を広く捉えた方が競争者が多くなり、企業結合による市場への影響が小さくな

■ 企業結合規制とは ………………………………………………………

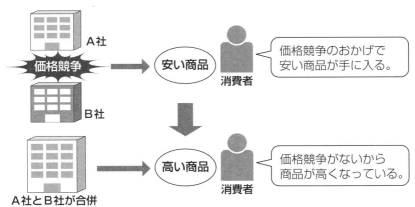

るからです。そのため、企業結合において一定の取引分野を画定することは重要だといえます。たとえば、ビール会社としてA社、B社があり、日本酒を製造しているC社、ジュースを製造しているD社があったとします。ビール会社であるA社とB社が合併した場合に、「ビールの販売市場」が一定の取引分野となるのであれば、A社とB社は2社で競争していることになります。そのため、A社とB社が合併すると競争相手がいなくなるので、この2社の合併は競争を制限する効果が強いといえます。

しかし、「アルコールの販売市場」が一定の取引分野となるのであれば、A社、B社、C社が競争関係にあり、A社とB社が合併してもC社との競争をすることになるので、合併による競争制限効果はそれほど大きくないといえます。また、「飲み物の販売市場」が一定の取引分野となるのであれば、A社、B社、C社、D社の4社が競争関係にあるので、A社とB社の合併による市場への影響はさらに小さくなります。

このように一定の取引分野の画定の方法によって、企業結合が独占禁止法違反となるかどうかが変わってきます。そのため、一定の取引分野の画定は重要だといえます。

▌ 競争を実質的に制限することとなる場合とは

競争が実質的に制限されるかどうかはさまざまな要素を考慮して判断します。ここでは、企業結合によって競争制限効果が生じるかにつき4つの判断要素を紹介します。なお、これ以外にも市場での競争に影響を与える事情があれば、それも含めて企業結合による競争制限効果を判断することになります。

① 企業結合を行う企業のシェア

企業結合によって市場でのシェアが大きくなればなるほど、市場を支配する力が強くなり、競争が失われてしまいます。そのため、企業

のシェアは企業結合によって競争が制限されるかどうかの重要な判断要素になります。

② 他に有力な競争者がいるかどうか

企業結合を行う企業に対抗し、多くの商品を市場に供給できる他の企業がいれば、企業結合が行われたとしても市場での競争が失われません。

③ 商品の輸入の可能性

国内で企業結合が行われたとしても、海外から同じ商品が輸入できるのであれば、海外の企業が競争者となるので、市場での競争は失われません。

④ 新規参入の容易性

新規参入が容易な業種で企業結合が行われた場合には、すぐに別の企業が新規参入して競争者となることができるので、企業結合が行われたとしても、その市場での影響は小さいといえます。

企業結合規制に関する注意点

企業結合規制に関しては、平成21年に独占禁止法が大きく改正されている（平成22年に施行）ことに注意する必要があります。注意すべき改正点は、①株式取得に係る届出を事後届出制から事前届出制に変更、②届出前相談の義務制の廃止、③届出基準の見直しです。

■ 競争の実質的な制限 ・・

競争を制限するか どうかの判断	① 企業結合を行う企業のシェア
	② 他に有力な競争者がいるかどうか
	③ 商品の輸入の可能性
	④ 新規参入の容易性

2 株式譲渡と独占禁止法の関係について知っておこう

株式の保有に事前の届出が必要になる

どんな場合に規制されるのか

　他の企業の株式を保有することで、一定の取引分野における競争を実質的に制限することになる場合には、他の企業の株式を保有することが禁止されます。具体的に、どのような場合に他の企業の株式の保有が規制され、公正取引委員会による企業結合審査の対象となるのかについて、**企業結合ガイドライン**は次のように規定します。

　まず、他の株式会社の株式を取得する際、他の株式会社の総株主の議決権に占める割合が50％を超えてしまう場合には、株式の取得が審査の対象とされます。保有株式数は、親子会社が保有している株式も含めて計算します。たとえば、A社がB社株式を取得する際、A社の保有するB社株式の議決権割合が50％を超える場合には、株式の取得が審査の対象とされますし、A社の子会社であるC社が保有するB社の株式を含めて50％を超える場合も、同様に審査の対象とされます。

　また、他の株式会社の株式を取得することで、他の株式会社が発行している株式の議決権割合の20％を超えて、かつ、当該割合の順位が単独で1位となる場合も株式の取得が審査の対象とされます。この場合も、保有している株式の数（保有株式数）は、親子会社が保有している株式も含めて計算します。

　他の株式会社の総株主の議決権の10％を超えて株式を取得し、かつ、その割合の順位が3位以内という場合には、当事者となっている会社の取引関係や、役員兼任がなされているかなどの事情を考慮して、株式取得が審査対象となるかが決まります。

事前の届出義務がある場合

　事前の届出義務があるか否かは、国内売上高合計額によって決まります。国内売上高合計額が200億円を超える会社（A社）が、国内売上高合計額が50億円を超える会社（B社）の株式を取得する際には、A社がB社の株式を取得することでB社の総株主の議決権の20％または50％を超えて取得することになる場合に、事前に公正取引委員会に対して届け出る必要があります（事前届出制）。議決権保有の割合を算定する際には、A社の親子会社が保有しているB社の株式も含めて算定します。この届出を行った会社は、公正取引委員会が届出を受理してから30日間は、その届出をした会社の株式を取得することはできません。この禁止期間内に企業結合審査の第1次審査が行われます。

　なお、事前の届出が必要になるかということと、企業結合審査が必要になるかについては、必ずしも一致するとは限りません。そのため、事前の届出が不要であっても企業結合審査が必要となる場合があるので注意が必要です。

■ 株式譲渡についての規制 ……………………………………………

他の株式会社の株式を取得する際、他の株式会社の総株主の議決権に占める割合が50％を超えてしまう場合	➡ 株式の取得が審査の対象となる
他の株式会社の株式を取得することで、他の株式会社が発行している株式の議決権割合が20％を超えて、かつ、当該割合の順位が単独で1位となる場合	➡ 株式の取得が審査の対象となる
他の会社の総株主の議決権の10％を超えて株式を取得し、かつ、その割合の順位が3位以内となっている場合	➡ 会社の取引関係、役員の兼任といった事情を考慮して、株式の取得が審査の対象となる

3 合併等と独占禁止法の関係 について知っておこう

規模の大きな合併は禁止される場合がある

合併ではどんな場合に規制されるのか

　合併をすることで、一定の取引分野における競争が実質的に制限される場合には、その合併は独占禁止法によって禁止されます。合併をしようとする会社のうち、いずれか1社の国内売上高合計額が200億円を超え、かつ、他のいずれか1社の国内売上高合計額が50億円を超える場合には、合併計画を公正取引委員会に事前に届け出ることが必要になります（事前届出制）。このような規模の大きい合併をすると、事後的に合併を解消することが困難であり、周囲に与える影響が大きいので、事前に届け出ることが義務付けられています。一方、合併は原則として企業結合審査の対象となりますが、親子会社間の合併のような場合には企業結合審査の対象とはなりません。

会社分割について

　共同新設分割や吸収分割をすることで、一定の取引分野における競争を実質的に制限することとなる場合にも、その共同新設分割や吸収分割は独占禁止法によって禁止されます。共同新設分割とは、複数の会社がそれぞれ会社の一部を分割し、その分割した部分を合わせて新しい会社を新設することです。また、吸収分割とは、会社が事業の一部を他の会社に承継させることです。

　共同新設分割や吸収分割については、分割の対象が事業の全部または重要な一部である場合に、2つの会社で行われていた事業が1つの会社で行われるようになる合併に類似します。このような場合に、共同新設分割や吸収分割が合併と同じように独占禁止法によって規制さ

れ、企業結合審査の対象となります。

　また、共同新設分割や吸収分割を行う場合、事業の全部を承継させるのか、事業の重要部分を承継させるのかによって基準となる国内売上高合計額は異なりますが、いずれにせよその規模が大きなものになるときは、事前に分割計画を公正取引委員会に届け出ることが必要になります（事前届出制）。

共同株式移転について

　共同株式移転によって一定の取引分野における競争が実質的に制限される場合も、その共同株式移転は独占禁止法によって禁止されます。共同株式移転とは、複数の株式会社が共同して新しい会社を設立し、その新しく設立した会社に株式をすべて取得させることをいいます。共同株式移転をしようとする会社のうち、いずれか1社の国内売上高合計額が200億円を超え、かつ、他のいずれか1社の国内売上高合計額が50億円を超えている場合には、事前に当該共同株式移転に関する計画を公正取引委員会に届け出る必要があります（事前届出制）。

■ 合併や分割などへの規制 ……………………………………

合　併

いずれか1社の国内売上高合計額が200億円を超え、かつ、他のいずれか1社の国内売上高合計額が50億円を超える合併

会社分割

周囲への影響の大きい共同新設分割や吸収分割

共同株式移転

いずれかひとつの会社の国内売上高合計額が200億円を超え、かつ、他のいずれかひとつの会社の国内売上高合計額が50億円を超える共同株式移転

 公正取引委員会への
事前届出が必要

4

その他の企業結合について知っておこう

企業結合規制を受けない場合もある

事業譲渡について

　会社は、①他の会社の事業の全部または重要部分の譲受け、②他の会社の事業上の固定資産の全部または重要部分の譲受け、③他の会社の事業の全部または重要部分の賃借、④他の会社の事業の全部または重要部分についての経営の受任、⑤他の会社と事業上の損益全部を共通にする契約の締結、のいずれかを行うことにより、一定の取引分野の競争を実質的に制限することになる場合には、それらの行為は独占禁止法によって禁止されます。

　①に該当する行為に関して、国内売上高合計額が200億円を超える会社（譲受会社）が、他の会社の事業の全部または重要部分を譲り受ける場合で、当該譲受けの対象部分の国内売上高（単体）が30億円を超えるときには、事前に事業譲受に関する計画届出書を公正取引委員会に届け出る必要があります。また、②に該当する行為に関して、国内売上高合計額が200億円を超える会社が、他の会社の事業上の固定資産の全部または重要部分を譲り受ける場合で、当該譲受けの対象部分の国内売上高（単体）が30億円を超えるときにも、事前の届出が必要になります（事前届出制）。

　これらに対し、③④⑤の各行為に関しては、公正取引委員会への事前の届出は不要です。

共同出資会社について

　複数の会社が共同して同じ会社に出資している共同出資会社により、市場での競争が制限されることもあります。本来は、出資をしている

会社が単独で行っていた事業を出資を受けている共同出資会社が行う場合には、出資している会社同士の競争が失われる可能性を検討する必要があります。

　共同出資会社に対する規制は、具体的には、株式保有や合併に関する独占禁止法の規定（独占禁止法10条、15条）を用いて行われます。

役員兼任について

　ある会社の役員が、他の会社の役員を兼ねることによって、一定の取引分野における競争が実質的に制限されることとなる場合には、そのような役員の兼任は独占禁止法によって禁止されています。

　「企業結合ガイドライン」では、①役員が兼任している会社のうちの１社の役員総数に占める他の当事会社の役員の割合が過半である場合（たとえば、Ａ社の役員の過半数がＮ社の役員である場合）、②兼任する役員が双方の会社で代表権を有する場合などに、役員の兼任が企業結合審査の対象となると規定しています。

当事者が同一の企業結合集団に属する場合

　事業譲渡や役員の兼任を行う場合でも、当事者となっている会社が同一の企業結合集団に属する場合には、原則として企業結合審査の対象とはなりません。**企業結合集団**とは、会社、その会社の子会社、その会社の最終親会社（他の会社の子会社ではない親会社）、その最終親会社の子会社（会社、その会社の子会社を除きます）から構成される企業集団のことをいいます。「最終親会社は企業集団の頂点に君臨する会社である」とイメージするとよいでしょう。たとえば、Ａ社、Ａ社の子会社としてＢ社、Ａ社の最終親会社としてＣ社、Ａ社やＢ社を除くＣ社の子会社としてＤ社がいる場合、Ａ社〜Ｄ社は同じ企業結合集団ということになります。

　同一の企業結合集団に属するのであれば、もともと一つの企業であ

ると見ることができるので、事業譲渡や役員の兼任を行ったとしても市場での競争に与える影響が少ないため、企業結合審査の対象となりません。

持ち株会社の規制

　持ち株会社とは、独占禁止法における定義では、子会社株式の取得価額が会社の総資産の50％を超えている会社のことをいいます。つまり、子会社の株式を保有することを主な目的としている会社が持ち株会社になります。

　企業が複数の事業活動を行う場合には、通常は会社をいくつかの部署に分けて、異なる事業を別々の部署に担当させます。しかし、1つの会社を複数の部署に分けてしまうと、会社全体の事業活動が非効率になってしまうことがあります。その場合に、持ち株会社の制度が用いられます。持ち株会社の子会社がそれぞれの事業を独立して担当することで、効率的な事業活動を行うことができるようになります。

　持ち株会社は、子会社の株式を保有することで子会社を支配しています。そのため、持ち株会社が子会社の数を増やしていくと、持ち株会社の経済力が大きくなりすぎてしまいます。そのため、他の会社の株式を保有することで事業支配力が過度に集中してしまうことになる持ち株会社は、独占禁止法によって設立が禁止されています。

　具体的に、どのような場合に事業支配力が過度に集中しているといえるかについて、公正取引委員会は「事業支配力が過度に集中することとなる会社の考え方」というガイドラインの中で一定の基準を示しています。このガイドラインの中では、事業支配力が過度に集中しているとされる3つのパターンが挙げられています。

・パターン1
　①会社グループの規模が大きく、会社グループ全体の総資産が15兆円を超え、②売上高が6000億円を超えている業種が5つ以上あり、そ

れぞれにおいて別々の総資産3000億円を超える会社を保有していると
いうパターンです。

・パターン2

　①総資産が15兆円を超える金融会社が、②金融業以外を営んでいる
総資産3000億円を超える会社を保有しているというパターンです。

・パターン3

　①相互に関連する５以上の売上高6000億円を超えている業種で、②
それぞれにおいて別々の売上高のシェアが10％以上の会社を保有して
いるというパターンです。

　この３つのパターンのいずれかに該当する持ち株会社を設立するこ
とは、独占禁止法によって禁止されています。

■ 持ち株会社とその規制 ・・・

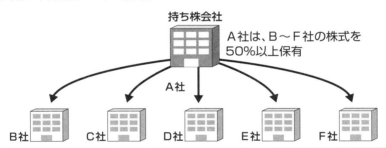

5

株式会社の解散・清算について知っておこう

直ちに法人格が消滅するわけではない

▌解散とは

解散は、会社の法人格を消滅させるきっかけです。あくまで「きっかけ」なので、解散すれば直ちに会社が消滅するわけではありません。会社を消滅させるには、解散後に清算という手続きを経る必要があります。**清算**は、債権債務の後始末や、残余財産の株主への分配などを行う手続きです。なお、解散しても清算手続きが行われない場合もあります。会社が破産した場合と合併した場合です。破産の場合は、破産手続きによって処理されます。一方、合併の場合は、消滅会社は、解散と同時に消滅し、清算手続きは行われません。

会社法では、会社が解散する原因が7つ規定されています。その中では、株主総会決議による解散が実務上最もよく行われています。

▌解散事由について

会社法には、会社が解散する原因が7つ規定されています。

① **定款で定めた存続期間が満了すること**

会社は、定款で会社の存続期間を定めることができます。存続期間が満了すると、満了日の翌日の午前0時に会社が解散します。会社の寿命を定款で決めるとイメージすれば理解しやすいでしょう。ただ実務上は、定款で存続期間が定められているケースはほとんどありません。

② **定款で定めた解散事由（解散の原因）の発生**

たとえば、「○○建物についての建設工事、及び、それに関わる諸手続きが終了した場合には当社は解散する」と定款に定める場合です。ある一定の事柄が生じた場合には会社は解散すると定款に規定されて

いる場合は、その事柄が生じると会社は解散します。ただ、実務上は、定款に解散事由を定めている場合は少ないといえます。

③　株主総会で解散を決議した場合

　株主総会で解散を決議する場合は、特別決議が必要です。株式会社では議決権を行使することができる株主の議決権の過半数を有する株主が出席し、出席した株主の議決権の3分の2以上の株主が同意した場合に解散が認められます。

　解散の理由は何でもかまいません。

④　合併

　合併は、消滅した会社の権利義務を承継会社がそっくりそのまま（包括的に）引き継ぐ点が特徴です。その点では、相続による権利義務の承継と同様に考えるとよいでしょう。

⑤　破産手続開始の決定

　破産の場合は、裁判所が選任した破産管財人が破産手続きの処理を行うため、会社法の規定による清算手続きは原則として行われません。

■ 解散事由の発生後の手続き ……………………………………………

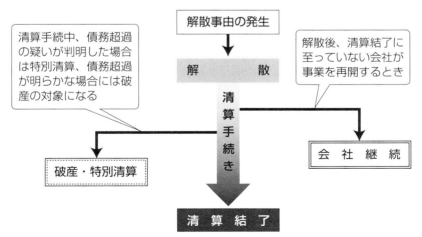

また、会社について破産手続開始の決定がなされた場合には、裁判所が破産登記の手続きをするため、解散登記を申請する必要はありません。

⑥　**解散を命じる裁判があった場合**

　解散を命じる裁判は、公益上の理由から会社の存続を認めがたい場合に、裁判所の判断で会社を解散させる制度です。

　たとえば、会社が正当な理由なく成立後1年以内に開業しない場合などに適用される制度です。裁判の申立資格があるのは、法務大臣、株主、社員、債権者、その他利害関係人です。また一定の条件を満たす株主であれば、裁判を起こして、会社の解散を請求できます。

⑦　**休眠会社のみなし解散の制度**

　会社法には、上記の解散事由以外にも、休眠会社の「みなし解散」の制度があります。みなし解散は、会社に関する最後の登記があってから12年間経過した会社を「休眠会社」として強制的に解散させてしまう制度です。休眠会社の整理によって解散したとみなされた場合は、登記官が職権で解散登記を行います。なお、みなし解散から3年以内であれば、株主総会の特別決議によって会社を再開（継続）できます。

会社継続とは

　解散したものの清算が終了していない会社が、解散前の状態に戻って営業を再開することを**会社継続**といいます。

　会社が継続できるのは、次の4つの解散事由によって解散した場合だけです。解散事由は、①定款で定めた存続期間満了、②定款で定めた解散事由の発生、③株主総会の決議、④休眠会社のみなし解散です。

清算とは

　解散した会社について、債権債務の後始末をして、残った財産を株主に分配する手続きを清算（通常清算）といいます。清算に関する業

務は清算人が担当します。取締役であった者を選任してもよいですし、必要があれば弁護士などを選任することもできます。清算中の会社は、清算の目的の範囲内でのみ存続を許されているため、営業活動を行うことはできません。会社法の①清算人の職務や員数、②清算人を選ぶ方法、③代表清算人を選ぶ方法、④清算人会の設置といった規定に基づいて清算する株式会社としての体制を整えていくことになります。

■ 清算はどのような流れで進むのか

　株主総会決議によって解散した場合の清算手続きについては、まず、株主総会で解散決議の際に、清算人の選任も併せて行う場合が多いです。清算人が解散決議後すぐに行うべきことが2つあります。解散及び清算人の登記の申請と、債権者に対する官報公告等です。また、これらの手続きと並行して、清算人は、解散日現在の財産目録と貸借対照表を作成し、その内容について株主総会の承認を得ます。さらに、清算人は、現在の業務の終了、財産の換価、債権の回収などを進めていきます。

　債権者に対する公告期間が経過すると、債権者に債務を弁済します。そして、債務の弁済後に残った財産があれば、株主に分配します。

　残余財産の分配が終わり、清算事務が終了したときは、清算人は決算報告を作成して、株主総会の承認を得ます。決算報告が株主総会で承認されると清算手続きは終了となり、会社（法人格）は消滅します。清算人は、株主総会で決算報告が承認された時から、2週間以内に、清算結了の登記を申請しなければなりません。

6 倒産とはどんなことなのか

倒産処理にも私的整理と法的整理がある

倒産手続きはどのように分類できるのか

　倒産手続きと言ってもさまざまなものがあり、法的整理についてまとめると次ページ図のようになります。

　まず、倒産手続きは、再建型と清算型に分類できます。

　再建型とは、会社の事業の再建を図ることを目的とした手続きです。民事再生や会社更生は再建型の倒産手続きに該当します。**清算型**とは、会社の財産によって債務を弁済することを目的とする手続きです。破産や特別清算は清算型の倒産手続きに該当します。

　再建型と清算型の他に、管理型とDIP型という分類方法もあります。管理型の手続きとは、債務者が会社の経営権を失い、第三者が会社の経営や財産の管理を行うという形態の倒産手続きです。破産と会社更生は管理型の倒産手続きに該当します。DIP型の手続きとは、債務者が会社の経営を続ける中で会社の再生を図っている手続きです。民事再生や特別清算はDIP型の手続きに該当します。

法的整理と私的整理について

　会社や個人（個人事業主）が倒産状態であれば、何らかの手立てを考えなければなりません。そのための倒産処理手続きについて見ておくことにしましょう。

　倒産処理手続きにもいろいろあります。まず、裁判所の関与を求め、法の規制に従った手続を法的整理、それ以外の手続を私的整理といいます。また、危機に瀕した会社や個人を立ち直らせる方向に向かわせる再建型の手続きもあれば、最終的に消滅させる方向に向かわせる清

算型の手続きもあります。

　再建型の手続きとしては、民事再生、会社更生があります。民事再生は会社も個人も対象ですが、会社更生は株式会社のみが対象であるため、その他の会社や個人は会社更生の対象外です。

　また、清算型の手続きの代表として破産があります。さらに、自らの意思で事業を終結させる手続きとして通常清算もあります。破産は会社も個人も対象となりますが、通常清算は会社を対象とするものです。株式会社の場合、どの手続きを選択するかは、株式会社が置かれている状況と経営者の意思にかかっているといえます。

　この他、倒産に至る前の段階で簡易裁判所が間に入り、話合いによって解決を図る特定調停という手続きもあります。

　私的整理は任意整理とも呼ばれます。この手続きは裁判所を通さない、あくまでも関係者の同意に基づくソフトな手続きですから、柔軟な対応が可能です。再建型をめざすにしても清算型をめざすにしても、どちらにも利用可能な方法です。

■ 法的な倒産制度のしくみ ……………………………………………

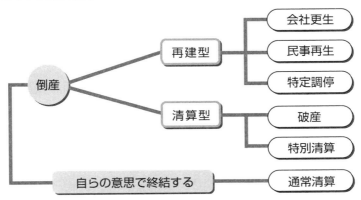

再建型の倒産処理手続きについて知っておこう

私的整理・民事再生がよく利用されている

再建型手続きには３つある

　ここでは、再建型の倒産手続きについて、①私的整理、②会社更生、③民事再生の順に簡単に見ていきましょう。

① **私的整理**

　法定の手続きに拘束されない私的整理は、もっとも頻繁に利用される方法です。費用を節約し、迅速に処理することができます。純粋な私的整理の手続きは、基本的には当事者間の取り決めに従えばよいだけなので、関係者の状況に応じた柔軟な対応が可能です。

② **会社更生**

　株式会社を対象として、裁判所や管財人の厳格な管理・監督の下で、企業の再建を図る制度です。2002年、法改正によって手続きが見直され、大企業などの倒産事件を迅速かつ円滑に処理できるようになりました。大企業の再建型の法的手続きとしては有効な制度といえます。他方、経営者は原則として会社から退陣させられてしまい、株主の権利が制限されるというマイナスの面も持ち合わせています。もう少し柔軟にできる再建型手続きとして、民事再生手続きが用意されています。

③ **民事再生**

　再建型倒産処理手続きです。債務者の事業を再生するために裁判所の監督の下で、債権者の権利行使を制約しつつ、再生計画の成立・遂行を図る手続きです。破産や会社更生とは異なり、原則として債務者が財産の管理処分権を持ったまま民事再生手続きを行っていきます。

　民事再生は、株式会社以外の形態の会社でも、中小企業でも、また個人でも利用することができます。民事再生は、債務者が「支払不能

や債務超過に陥りそうなおそれがある場合」に申し立てます。

　なお、個人を対象にした個人再生手続きには、小規模個人再生、給与所得者等再生といった手続きの特則があります。小規模個人再生は、債務総額（住宅ローンなどを除いた無担保の借金）が5000万円を超えない個人が利用できます。

▌再建型の私的整理とはどのようなものなのか

　再建型の私的整理には、会社の規模などに応じて、さまざまなタイプがあります。最も単純なのは、経営者が銀行や取引先を訪問して債務の減額や支払猶予などの交渉をするものです。しかし、事案が複雑になれば、弁護士が会社と債権者の間に入って調整を行う必要も出てきます。大規模なものになれば、大手の金融機関や大企業などが主導権を握って、債権放棄やデットエクイティスワップなどの手法を用いて私的整理を行う場合もあります。

　法的整理と比較した場合、私的整理には次の3つの利点があります。

　1つ目は、コストを低額に抑えやすいことです。たとえば、民事再生や会社更生を利用する場合は、裁判所に予納金を支払う必要がありますが、私的整理では予納金が不要です。

■ 私的整理の分類　……………………………………………………

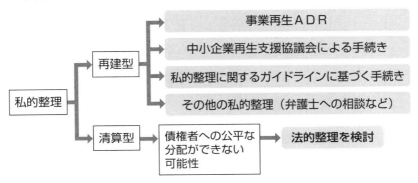

2つ目は、柔軟な対応が可能なことです。民事再生や会社更生など
の法的整理は、手続きが画一化されているため、個々の実情に即した
対応が難しい面があります。しかし、私的整理であれば、これを行う
会社の意向を私的整理案（基本計画）に反映しやすいといえます。

　3つ目は、会社の信用低下のリスクが少ないことです。法的整理の
申立てを行うと、その事実が世間に知れ渡って会社の信用力が低下し
ます。しかし、私的整理であれば、信用低下のリスクを抑えることが
できます。

▌私的整理に関わる制度や団体

　私的整理には「債務を個別に処理できる」というメリットがある反
面、裁判所の関与なしで手続きを進めるため、手続きの過程が不明確
になりやすいというデメリットもあります。そのようなデメリットを
軽減するため、私的整理に関するガイドラインや事業再生ADRの制
度を利用したり、中小企業再生支援協議会などの団体を通して私的整
理を実施する方法があります。

▌私的整理に関するガイドライン

　「私的整理に関するガイドライン」は、金融界・産業界の経営者間
の合意であって、法的拘束力や強制力はなく、関係当事者が自発的に
遵守することが期待されるルールという位置付けです。

　ガイドラインを利用できる債務者企業から主要債権者への申し出を
契機に、ガイドラインによる私的整理が始まると、全債権者に「一時
停止の通知」が発せられます。また、債務者企業も、通常の営業過程
以外で行う資産の処分や新債務の負担に加え、一部の債権者に対する
弁済などが禁止されます。

　以上の一時停止の措置によって現状を保存した状態で、債権者会議
を開き、再建計画についての協議を重ね、再建計画を成立させます。

ガイドラインを利用できる債務者企業は、多数の金融機関に対して債務を負担しているのが大前提です。さらに、①過剰債務などで経営困難となり自力再建が困難である、②事業に将来性があるなど再建可能性がある、③法的整理を申し立てることで事業再建に支障が生じるおそれがある、④私的整理による方がより多くの債権者を満足させられる、といった事情が認められることが必要です。

　再建計画に関するルールとして、債務者企業には、不採算部門の整理や人件費・管理費の大幅削減などで、自ら企業体質を改善させる自助努力が要求されています。また、新資本の投入や債務の株式化など資本の増強策を盛り込むこと、債権カットをする場合は各債権者間の実質的な平等を担保することを求めています。さらに、債権放棄を受ける場合は、経営者（陣）の退任と支配株主の権利消滅などが原則であるとしています。

┃事業再生ＡＤＲ

　事業再生ADRは、事業再生に関する債権者と債務者の紛争を、公正・中立な立場の人物（手続実施者）が仲介することで解決する手続きです。経済産業大臣の認証を受けたJATP（事業再生実務家協会）が手続実施者を担っています。

　事業再生ADRを利用できるのは、事業に価値があり、債権者からの支援を受けることで事業再生の可能性がある企業に限られます。そのため、資金繰りに困っていて対応に急を要するような企業は対象外です。JATPは、専門家による審査を行い、申込みを受け付けるかどうかを判断します。また、個人事業主も対象外ですが、会社などの法人組織であれば、その規模や業種を問わずに利用することが可能です。

　JATPは、全国にあるすべての企業が利用できます。手続きの申込みにあたっては、手続利用申請書を作成し、必要書類を添付して提出します。必要書類は、直近３事業年度分の法人税確定申告書、借入金

明細書、固定資産の明細（直近年度分）、担保一覧表、定款、商業登記簿などです。

　手続きに必要な費用は、審査料、業務委託金、業務委託中間金、報酬金です。事業再生ADRは、専門家による事前審査に通らないと申込みができないしくみで、審査料に一律50万円（消費税別途）が必要です。一方、審査料以外の費用については、手続きが進むごとに段階的に発生し、事案の性質（債権者の数、債務額）に応じた金額が必要になってきます。

　事業再生計画を決議するまでに要する期間は約3か月です。この期間は、債務者が資産査定や再生計画案の作成などの準備を十分にしておくと短縮できます。反対に、申立て前の準備が不十分だと、手続きに要する時間が長くなる場合があります。

　事業再生ADRの手続きの流れは以下のようになっています。

① 　**申込前**

　正式な申込みを行う前に、専門家による有料（一律50万円）の事前審査を行うしくみになっています。

② 　**申込後**

　正式な申込後の手続きは、私的整理に関するガイドラインとよく似ています。しかし、私的整理に関するガイドラインとは異なり、メインバンクが手続きを主導することはありません。

③ 　**計画案の決議後**

　債権者会議ですべての債権者から同意が得られると、私的整理は成立します。成立後は、再生計画どおりに事業の再構築や債務の返済を行うことになります。一方、再生計画案に不同意の債権者がいる場合には、裁判所による特定調停の手続きに移行することがあります。特定調停でも話合いがまとまらない場合は、民事再生や会社更生などの法的整理に移行します。事業再生ADRを通して作成された再生計画は、民事再生や会社更生の手続きで、そのまま可決・認可される可能

性もあります。

中小企業再生支援協議会

　中小企業再生支援協議会は、原則として基本要領を基にして、相談に来た中小企業が再生計画を策定するのを支援する形で再生計画を策定し、任意整理手続きを実施しています。

　中小企業再生支援協議会の支援を活用したい場合は、中小企業再生支援協議会の窓口相談（第一次対応）に行きます。窓口相談には統括責任者補佐（場合によっては統括責任者）が応じます。そして、窓口相談で聞き取った内容から、再生計画の策定による支援をすべきであると判断した場合には、統括責任者は、関係金融機関などの主要債権者の意向をふまえ、中小企業再生支援協議会の長と協議して、再生計画策定支援を決定します（第二次対応）。そこから専門家による個別支援チームを編成し、再生計画案を作成します。協議を重ねた上で、すべての債権者が同意した再生計画案が再生計画として成立した時点で、再生計画策定支援が完了します。

■ 事業再生ADR手続きの流れ ……………………………………………

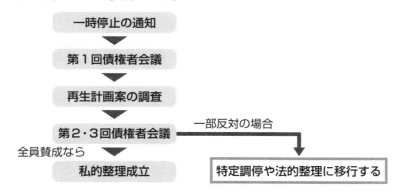

一時停止の通知
↓
第１回債権者会議
↓
再生計画案の調査
↓
第２・３回債権者会議 ──── 一部反対の場合 ────→ 特定調停や法的整理に移行する
全員賛成なら ↓
私的整理成立

8 民事再生手続きについて知っておこう

申立権者、申立てのタイミングを知ること

どんな制度なのか

民事再生とは、債務者が再生計画の認可を受けることによって、今ある借金を大幅に圧縮する法的な債務整理方法です。民事再生手続きを申し立てる場合、短期間で再生計画案（債務者を再建するための具体的内容が定められたもの）をまとめる必要が生じます。この民事再生手続きは、借金を抱えた個人債務者の再生手段としても利用されていますが、大規模な企業の再建にも利用されています。

手続きの申立てを行うことができるのは、債務者と債権者です（これらの者を申立権者といいます）。

なお、会社が申立てを行う場合には、取締役会において、取締役の過半数の議決があれば足ります。

債権者としては債務者の再生計画に賛成するかどうかがポイントになります。

破産手続きとの違い

破産手続きにおいては、破産管財人が選任されて、取締役は会社の破産により取締役としての地位を失うことになります。

これに対して、民事再生手続きの場合、原則として、手続開始後も債務者である会社の経営陣が業務遂行と財産管理を行います。このような手続きを、**DIP型手続き**といいます。DIP型手続きでは従来の経営陣が、引き続き経営を行うことができるので、会社が苦境に陥っても、経営陣が民事再生手続きを申し立てやすいしくみになっています。

保全処分による財産流出の防止

　申立権者から民事再生手続きの申立てが行われ、裁判所がその申立てを認めることを「開始決定」といいます。この申立てから開始決定までは平均して約1か月かかります。

　この間、申立てを行った会社の取引先が、会社の財産状況に不安をいだいて、他の取引先を出し抜いて、自分にだけ代金の支払いを求めることなどないように（これを認めると他の取引先との関係で不公平となります）**保全処分**を裁判所に申し立てることができます。中でも強力な保全処分が中止命令・取消命令です。これは、一般債権者が個別的に行った、仮差押や強制執行（競売等）について、中止や取り消す命令を裁判所が下すことです。

　さらに強力な保全処分として、包括的に、一般債権者の権利行使を、一切禁止する包括的禁止命令があります。この命令が下されると、すべての一般債権者は、再生債務者の財産に対して、仮差押や強制執行を中止または禁止されます。

別除権と担保権消滅請求制度

　裁判所が中止命令・取消命令を下すと、一般債権者は、債権を回収することができなくなります。

■ 民事再生手続きのポイント ⋯⋯⋯⋯⋯⋯⋯⋯⋯⋯⋯⋯⋯⋯⋯

- ● 利用者はすべての法人と個人である
- ● 申し立てることができるのは債務者と債権者である
- ● 財産などの管理処分権は債務者にある。経営者は交代しない
- ● 破産原因（支払不能）がなくてもよい
- ● 管理機関として監督委員が選任される

これに対して、抵当権などをもつ担保権者は、担保権を実行して、そこから生じたお金から、優先弁済を受けることができます。この担保権の実行は、裁判所の保全処分によっても妨げられることはありません。このような担保権者の権利を**別除権**といいます。

　しかし、抵当権が設定されている土地と建物が、本社ビルであり、本社ビルがなければ再生が不可能という事態も考えられます。

　そこで、民事再生法では、一定の場合に債務者が担保権の消滅の申立てをできることを定めています。この制度を**担保権消滅請求制度**といいます。

▌開始決定を出してもらえる場合

　民事再生手続きの流れは次ページの図のとおりです。申立書の作成・提出は申立人代理人である弁護士が行うことが一般的です。

　ただし、民事再生手続きの開始決定を出してもらうためには、申立てが適法で、申立ての棄却事由が存在しないことが必要です。

　棄却事由には、以下の4つの事由があります。①再生手続きの費用の予納がないとき、②裁判所に破産手続きまたは特別清算手続きが係属し、その手続きによることが債権者の一般の利益に適合するとき、③再生計画案の作成もしくは可決の見込みまたは再生計画の認可の見込みがないことが明らかであるとき、④不当な目的で再生手続開始の申立てがされたとき、その他申立てが誠実にされたものでないとき、です。債権者は民事再生手続において、以下の債権者説明会や債権者集会で手続きに関与することになります。

▌債権者説明会で事情を説明する

　債権者説明会とは、後で説明する債権者集会とは異なり、債権者に、業務や財産の状況または再生手続の進行について、説明するものです。債権者説明会の実施は義務ではありませんが、民事再生手続きが開始

されれば、債権者の権利行使にも影響を与えますし（多くの場合、債権の額が減る）、債権者の理解と協力が必要なため債権者説明会を開催するのが一般的です。最初に、説明会の案内通知を債権者に発送する必要がありますが、そのタイミングは、民事再生手続開始の申立てが受理された直後になります。開催までは、債権者が案内通知をもらってから1週間程度かかります。説明会には、会社の代表取締役及び申立代理人の弁護士の他、監督委員が出席する場合もあります。代表取締役は挨拶という形で、債権者にお詫びをして、申立代理人は申

■ 通常の民事再生手続きの流れ ……………………………………

```
┌─────────────────────┐      ┌──────────────────┐
│   民事再生の申立て   │ ◀──  │ すべての法人および │
└─────────────────────┘      │ 個人が利用できる。 │
          │                  └──────────────────┘
          ▼           ※費用を予納しなくてはならない
┌─────────────────────┐      必要に応じて裁判所が監督委員などを選任
│      保全処分       │      する
└─────────────────────┘
          │
          ▼
┌─────────────────────┐
│   再生手続開始決定   │
└─────────────────────┘
          │
          ▼
┌─────────────────────┐
│     債権の届出      │
└─────────────────────┘
          │
          ▼
┌─────────────────────┐
│   債権の調査・確定   │
└─────────────────────┘
          │
          ▼
┌─────────────────────┐
│    再生計画案の提出   │
└─────────────────────┘
          │
          ▼
┌─────────────────────┐
│ 債権者集会での再生計画案 │
│    についての決議     │
└─────────────────────┘
          │
          ▼
┌─────────────────────────┐
│ 裁判所による再生計画の認可決定 │
└─────────────────────────┘
          │
          ▼
┌─────────────────────┐
│ 再生計画の遂行・手続終結 │
└─────────────────────┘
```

※ 通常民事再生は個人や零細事業者が利用するには手続きが複雑すぎ、予納金も高いという問題がある。そこで、会社員などの個人債務者や個人事業主など比較的少額の債務を負っている人のために簡易で利用しやすい個人再生手続きが設けられている。

立てに至った経緯を説明するのが通例です。監督委員は中立の立場から意見を出します。

再生債権の届出・調査・確定

　民事再生手続きが開始されると、申立書の一部として作成した債権者一覧表に記載された債権者に、手続きが開始されたことが裁判所から通知されます。これに対して、債権者は自分の保有する債権を申告します。この手続きを債権届出といいます。

　債権者からの債権届出を受けると、債務者より認否書が作成され裁判所に提出されます。認否書とは債務者が自分で認識している債務について、その内容と議決権についての認否を記載するものです（債権の存在を自ら認めるわけです）。その後、認否書などに基づき債権調査が行われます。債権調査の結果は裁判所書記官が再生債権者表に記載します。再生債権者表に記載された債権者は、債権者集会等で議決権が与えられ、確定された債権額に基づいて議決権総額が算定されます。つまり債権者は、債権届出をして、再生債権者表に記載されない限り、民事再生法の手続的保障を受けることができないのです。届出を怠った場合、原則として債務の弁済を受けることができません。

　なお、認否書に、債権者として記載されていれば、記載された債権の金額については、債権届出を行わなくても、例外的に債務の弁済を受けることができます。

共益債権は保護される

　民事再生手続開始決定を受けても、会社は再生に向けて取引活動を継続しますので、手続開始後も、取引先などが、再生債務者である会社に対して、債権を取得することがあります。このような債権を共益債権といいます。

　共益債権は、再生債権（共益債権や優先債権ではない一般債権）と

異なり、民事再生手続外で臨時の弁済を受けることができます。共益債権が優先されている理由は、再生債権者全体の利益に関わるためです。このような保護がなければ、代金を支払ってもらえない、または減額されることを恐れて、開始決定後に再生債務者と取引をする者が減ってしまうからです。

また、申立て後開始決定前に発生した債権であっても、債務者の事業の継続に必要不可欠のもの（会社の事業の継続に必要不可欠な取引によって生じた債権）であることについて、裁判所の許可または監督委員の承認を受けることによって、共益債権となります。

債権者集会はどのように行われるのか

通常の再生手続きにおいては、一般には債権者集会で、再生計画案の決議を得ることになります。再生計画を可決するには、次の2つの要件を満たす必要があります。

① 議決権者の過半数の同意
② 議決権者の議決権総額の2分の1以上を有する者の同意

このような場合に、債務者はあらかじめ債権者から委任状を求めるケースがあります。委任状をもらっておけばこれらの要件を満たしやすくなるからです。特に②の要件を満たすために、大口の再生債権者には個別に委任状の勧誘を行うことが多いです。

また、裁判所は、再生計画案の提出がなされた場合において、裁量により、再生計画案を書面によって決議する旨の方法をとることができます。具体的には、小口の債権者が非常に多く、債権者集会での決議を得ることが困難な場合などに書面による決議が用いられます。

さらに、すべての届出債権者が書面により再生計画案に同意しており、かつ、再生債権の調査および確定手続を経ないことに同意しているような特別の場合には、債権者集会などでの決議は不要となります（同意再生）。

9 破産について知っておこう

債権者が債務者の破産を申し立てることも可能である

破産を債権者が申し立てることもある

破産とは、債務者が経済的に破たんし、支払いができなくなってしまった場合に、その人の財産関係を清算して、すべての債権者に公平な返済（弁済）をすることを目的とする裁判上の手続です。特に個人の債務者の場合は、破産手続きの終了後に免責を得ることが重要で、これにより債務がゼロになるので、再起の機会が与えられるといえます。

破産手続きは、地方裁判所に対する申立てから始まります。破産手続開始の申立人が債権者（貸主など）である場合を債権者破産といい、債務者（借主や連帯保証人など）が自ら破産手続開始の申立てをする場合を自己破産といいます。会社などの法人の代表者が、法人を代表して申立てをする場合も自己破産に該当します。

破産原因にはどんなものがあるのか

破産原因には、債務者の財産状態が極度に悪化していることで、支払不能と債務超過の2つがあります。このうち債務超過は法人だけの破産原因です。

支払不能とは、弁済（返済）能力がなくなったために、弁済期（支払期限）が到来した債務を一般的・継続的に弁済できないと認められることです。ここで「弁済能力がなくなった」とは、債務者の信用・労力・技能によっても、弁済するだけの金銭を調達できないことをいいます。この点につき、債務者に財産がなくても、信用・技術・労力といった目に見えない資産によって弁済を継続できる場合には、支払不能とはいえません。反対に、債務者に財産があっても、金銭に換え

ること（換価）が困難なため、弁済をするだけの金銭を調達できない場合には、支払不能といえます。

債務超過とは、帳簿上の債務の評価額の総計が、資産の評価額の総計を上回っていることをいいます。ただ、債務超過を文字通りに理解すると、借金経営・赤字経営が多い我が国の企業経営の実態からみて、ほとんどの法人が債務超過となってしまいます。そこで、事業を継続しても債務を完済できないような状態にある法人に限り、債務超過で

■ 破産手続きの流れ ⋯⋯⋯⋯⋯⋯⋯⋯⋯⋯⋯⋯⋯⋯⋯⋯⋯⋯⋯

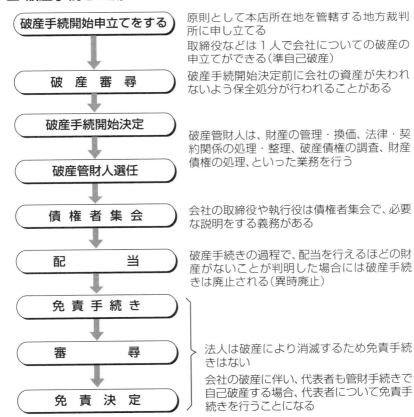

破産手続開始申立てをする
→ 原則として本店所在地を管轄する地方裁判所に申し立てる
取締役などは1人で会社についての破産の申立てができる（準自己破産）

破産審尋
→ 破産手続開始決定前に会社の資産が失われないよう保全処分が行われることがある

破産手続開始決定

破産管財人選任
→ 破産管財人は、財産の管理・換価、法律・契約関係の処理・整理、破産債権の調査、財産債権の処理、といった業務を行う

債権者集会
→ 会社の取締役や執行役は債権者集会で、必要な説明をする義務がある

配当
→ 破産手続きの過程で、配当を行えるほどの財産がないことが判明した場合には破産手続きは廃止される（異時廃止）

免責手続き

審尋
→ 法人は破産により消滅するため免責手続きはない

免責決定
→ 会社の破産に伴い、代表者も管財手続きで自己破産する場合、代表者について免責手続きを行うことになる

あると判断されています。なお、株式会社や合同会社と異なり、合名会社や合資会社については、債務超過は破産原因とされていません。

　破産手続開始を申し立てるときは、予納金を納めることが必要です。予納金が無事に納められれば、破産手続開始決定と同時に破産管財人が選任されるとともに、債権届出期間、債権者集会期日（財産状況報告集会）、債権調査期日（債権者が多数の場合などは債権調査期間）が決められます。これ以降は、裁判所が選任した破産管財人が、債務者の財産の換価や契約の終了など、すべての破産管財業務を行います。ただし、不動産の売却など重要な事項については、裁判所の許可が必要です。経営者（破産者）は、破産管財業務への協力や破産管財人への説明などをします。債権調査を終了し、すべての財産を換価して、優先権のある財団債権（一定範囲の租税債権や労働債権など）を支払っても、まだ財産が残っていれば、その財産はすべて破産債権者に対して配当されます。

　破産管財人は、配当をするのに適当な金銭があると認めたときは、裁判所の許可を得て中間配当をします。配当する財産もなくなり、最後の配当を行うと、配当が終了したことを破産債権者に報告するため、原則として債権者集会を開きます。これをもって破産手続きは終結し、破産者が法人の場合は、その法人が消滅することになります。破産手続の開始決定を受けてから終結決定が行われるまでの期間は、平均して6か月程度です。破産手続終結決定を裁判所が行い、その旨が公告されることで破産手続きが終了します。なお、終結決定後に配当すべき金銭が生じたときは「追加配当」を行わなければなりません。いずれにしても、法人の場合は、破産手続きが終了することで、法人自体が消滅するため、配当されなかった債権も消滅することになります。

▌債権の届出と債権調査

　破産手続きは債権者への配当（弁済）を目的とする手続きですから、

債権者が破産者に対してどれだけの債権をもっているのかを確定しなければなりません。その手続きが債権の届出と債権調査です。

債権者は、裁判所が指定した債権届出期間内に、自分の債権を届け出なければなりません。届け出られた債権については、裁判所書記官が破産債権者表を作成し、コピー（謄本）が破産管財人に渡されます。

そして、破産債権者表に記載された債権について、債権者の氏名・住所、債権の額と原因、優先権（税金や給料など）や別除権（特別の先取特権、質権、抵当権など、破産手続きとは関係なく自由に担保権を実行する担保権者の権利）などの注意すべきことはないか、といった事項を債権調査期日（債権調査期間が決められた場合はその期間内）において調査します。これが債権調査です。債権調査により破産管財人の否認（債権者に損害を与えたり、一部の債権者だけに返済するような行為を破産管財人が否定すること）や他の債権者からの異議がなく破産債権者表が確定すれば、破産債権者表の記載は、破産債権者全員に対して訴訟における確定判決と同じ効力を持ちます。管財人

■ 債権者への金銭配当 ………………………………………………

最後配当	最終的に行われる配当。債権者に対してなされる基本的な配当の形態である
中間配当	破産手続きの途中で行われる配当。配当可能な金銭を用意できた段階で随時行われる
追加配当	最後配当の額を債権者に通知した後に、新たに財産が見つかった場合に行われる配当
簡易配当	配当できる金額が少ない場合などに行われる簡易化された配当
同意配当	債権者全員が同意することで、簡単な手続きによって行われる配当

が否認権を行使したり、他の債権者から異議が出されたりした債権については、そのままでは確定せず、配当を受けることができません。その債権の債権者としては、確定判決やその他の債務名義など、債権の存在を証明するための証拠を提出して、債権を確定させる必要があります。

債権者集会とは

破産手続開始決定がなされると、債権者は、自分の債権を行使して弁済を受けることができなくなります。債権者は、破産手続きによって、原則的に債務者の財産（破産財団）から債権額に応じた配当を受けられるだけになります。したがって、破産手続開始決定後は、債権者が全額回収することは不可能です。

もっとも、債権者からすれば、最終的に少しでも多くの配当を受けられるように破産財団の管理が適切になされ、換価がより高額であることを期待するものです。こうした債権者の意見や意思を破産手続きに反映させる場が債権者集会です。なお、債務者に換価できる財産がないため、破産手続開始決定と同時に破産手続廃止決定がされた場合（同時廃止）には、債権者集会が開催されません。破産手続廃止決定がされていない場合を**管財事件**といいます。

債権者集会は、破産管財人、債権者委員会、大口債権者などの申立てによって裁判所が招集します。あるいは裁判所が職権で招集します。債権者集会では、破産者から報告を受ける権限や破産管財人の解任請求の決議もできます。債権者集会の決議は届出債権者だけが議決権を持ち、議決権を行使できる破産債権者で出席した者や書面投票をした者の議決権総額の2分の1を超える議決権を行使できる者の賛成があれば、決議は成立します。

債権者集会では参加者による質疑応答の時間がありますが、実際の債権者集会では、債権者が債務者や破産管財人に対して質問したり意

見を述べたりすることはほとんどありません。そもそも債権者集会に出席しない債権者も多いです。債権者集会に出席しなくても、債権者が不利益に扱われることはないからです。そのため、多くの債権者集会は10分程度で終了します。

■ 会社の破産と代表取締役の破産 ……………………………………

	会社の破産	代表取締役などの個人の破産
財産の管理処分権	経営陣はすべての会社財産に対する一切の管理処分権を失う	自由財産を除く財産に対する一切の管理処分権を失う
債権者への説明義務	取締役や執行役は資産・負債の状況や破産に陥った事情などについて説明する義務を負う	資産・負債の状況や破産に陥った事情などについて説明する義務を負う
居住の制限	取締役や執行役は、裁判所の許可を得ないで引越しや長期の旅行などをすることができなくなる	裁判所の許可を得ないで引越ししたり、海外旅行など長期の旅行をすることはできない
破産者の引致（強制的な連行）	説明義務違反や手続妨害を行うと、取締役などが裁判所に呼び出される	説明義務違反や手続妨害を行うと、裁判所に呼び出される
通信の秘密の制限	会社宛ての郵便物であっても破産管財人に配達されるようになる	管財手続きの場合、本人宛ての郵便物は管財人に配達されるようになる
その他の注意点	・破産手続きの終了により、法人格は消滅し、債権者に対する責任を負わなくなる ・会社の代表者が会社の債務について連帯保証している場合、会社の破産手続きとともに、代表者個人の破産手続きが必要になるケースが多い	・破産した本人は、免責決定が確定するまで、弁護士や公認会計士など、一定の職業に就くことができなくなる ・説明義務違反などがあると、免責決定が認められにくくなる ・一度免責を受けると原則としてその後7年間は免責を受けられなくなる ・一定期間住宅ローンの利用やクレジット・カードの作成・利用が難しくなる

事業再構築補助金

　新型コロナウイルスは、さまざまな業種の企業活動に甚大な被害をもたらしました。今後の経済社会も予測が難しく、新分野展開や業態転換、事業再編など、変化に柔軟に対応していくための思い切ったプランを検討する必要に迫られている企業も多いと思います。事業再構築補助金は、新分野展開や業態転換、事業・業種転換等の取組み、事業再編またはこれらの取組みを通じた規模の拡大等をめざす、企業・団体等の新たな挑戦を支援する補助金です。対象は、以下の要件をすべて満たす中小企業と中堅企業です。

　①2020年4月以降の連続する6か月間のうち、任意の3か月の合計売上高が、同3か月の合計売上高と比較して10％以上減少している中小企業等。ただし、2020年9月以前を対象とする場合には、2020年10月以降の売上高が5％以上減少していることが条件となります。②事業計画を認定経営革新等支援機関や金融機関と策定し、一体となって新分野展開、業態転換、事業・業種転換、事業再編等などの事業再構築に取り組む中小企業等。

　支援内容としては、中小企業については、通常枠（補助額100万円〜8,000万円）と卒業枠（補助額6,000万円超〜1億円）があります。また、中堅企業には、通常枠（補助額100万円〜8,000万円）とグローバルV字回復枠（補助額8,000万円超〜1億円）があります。この他、令和3年の緊急事態宣言により深刻な影響を受け、早期の事業再構築が必要な中小企業等については、さらに補助率の高い「緊急事態宣言特別枠」もあります。

　申請する際には、「事業計画」を作成する必要があります。受付は、電子申請システムでのみとなっています。第1回公募の応募件数は22,231件で、8,016件が採択されています。採択率は決して高いとまではいえませんが、合計5回ほどの公募が予定されていますので、事業再編などを検討する際には検討してみるとよいでしょう。

【監修者紹介】

岩﨑　崇（いわさき　たかし）

1986年生まれ。神奈川県横浜市出身。首都大学東京都市教養学部法学系卒業、慶應義塾大学法科大学院修了。2012年弁護士登録。裁判にしない交渉によるスピード解決と、トラブル予防の仕組みづくりを強みとし、中小企業向け企業法務、顧問弁護士業務を展開。法令違反の調査にとどまらず、法令を遵守しつつ事業目的を実現するための提案とわかりやすい説明に定評がある。経営者向けセミナー開催、東洋経済オンライン等記事執筆実績多数。慶應義塾大学法科大学院助教。

●未来創造弁護士法人
横浜市西区北幸1-11-15 横浜STビル7階
電話045-624-8818
https://www.mirai-law.jp/

武田　守（たけだ　まもる）

1974年生まれ。東京都出身。公認会計士・税理士。慶應義塾大学卒業後、中央青山監査法人、太陽有限責任監査法人、東証１部上場会社勤務等を経て、現在は武田公認会計士・税理士事務所代表。監査法人では金融商品取引法監査、会社法監査の他、株式上場準備会社向けのIPOコンサルティング業務、上場会社等では税金計算・申告実務に従事。会社の決算業務の流れを、監査などの会社外部の視点と、会社組織としての会社内部の視点という２つの側面から経験しているため、財務会計や税務に関する専門的なアドバイスだけでなく、これらを取り巻く決算体制の構築や経営管理のための実務に有用なサービスを提供している。

著作として『株式上場準備の実務』（中央経済社、共著）、『入門図解 会社の税金【法人税・消費税】しくみと手続き』『不動産税金【売買・賃貸・相続】の知識』『入門図解 消費税のしくみと申告書の書き方』『入門図解 会社の終わらせ方・譲り方【解散清算・事業承継・Ｍ＆Ａ】の法律と手続き実践マニュアル』『図解で早わかり 会計の基本と実務』『個人開業・青色申告の基本と手続き 実践マニュアル』『図解で早わかり 会社の税金』『暮らしの税金しくみと手続き』（小社刊）がある。

【編集協力】

旭　祐樹（あさひ　ゆうき）

1982年生まれ。大阪府出身。認定司法書士（大阪司法書士会所属）。近畿大学法学部法律学科卒業。子どもの頃の経験から司法書士を目指す。大阪の司法書士事務所勤務を経て、司法書士あさひ事務所開設。また、相続に特化したあさひ相続手続相談所も開設している。
http://www.asahi-legal.com

事業者必携
**事業再編・M&A【合併・会社分割・事業譲渡】の
法律と手続き**

2021年9月30日　第1刷発行

監修者　　岩崎崇　武田守
発行者　　前田俊秀
発行所　　株式会社三修社
　　　　　〒150-0001　東京都渋谷区神宮前 2-2-22
　　　　　TEL　03-3405-4511　FAX　03-3405-4522
　　　　　振替　00190-9-72758
　　　　　https://www.sanshusha.co.jp
　　　　　編集担当　北村英治
印刷所　　萩原印刷株式会社
製本所　　牧製本印刷株式会社
©2021 T. Iwasaki & M. Takeda Printed in Japan
ISBN978-4-384-04875-9 C2032